はじめてUNIXで仕事をする人が読む本

株式会社創夢 監修
木本雅彦、松山直道、稲島大輔 著

ASCII
DWANGO

商標
本文中に記載されている社名および商品名は、一般に開発メーカーの登録商標です。
なお、本文中では TM・ⓒ・Ⓡ表示を明記しておりません。

はじめに

本書のねらい

かつて、「UNIX はもはや必要ない」と言われた時代があった。

1990 年代半ばに Windows 95 が発売され、一般の利用者の間にもようやく GUI を搭載した OS が広まった。その当時、UNIX ワークステーションは PC と比較して非常に高価で、一方で PC-UNIX は Windows OS よりも多くのメモリや CPU 資源を必要とし、使いこなすには高度な知識が要求された。一般利用者向けには、Windows OS が主流になるだろう、UNIX を使った仕事はこの先なくなるだろうと思われた時期であった。

しかし、インターネットのサービスを支えるサーバ側では、引き続き商用非商用の UNIX が使われ続け、高性能高可用性を求められる分野の主流 OS となった。同時に組み込み機器の性能があがったことにより、組み込みシステムでも UNIX が使われるようになった。特にネットワーク通信を必要とする機器では、UNIX が元からもつ TCP/IP スタックの実績から、広く使われている。デスクトップ環境にも劇的な変化があり、一般利用者も普通に使える PC-UNIX が登場してきている。いまや、むしろ PC-UNIX は Windows OS よりも少ない計算機資源で高速に動作する OS となった。

UNIX は、必要であり続けた。

同時に、UNIX の仕事もなくなることはなかった。

これは更に、UNIX の仕事を新たに始める人が毎年必ず存在することも意味する。

われわれが所属する株式会社創夢は、創業以来 30 年間、UNIX とインターネット技術をキーテクノロジーとして仕事を続けてきた。そんなわれわれが近年頭を悩ませているのが、新人研修のありかたである。当社では新人研修のテキストや教材を手作りしている。テキストの内容は UNIX 入門者向けのものであり、本来であれば大学の学部生の講義で習得しておいてほしい内容ばかりである。ところが残念なことに、昨今では実用レベルに達する UNIX の講義を行ってくれる大学は、多くは存在しない。

かつては、大学の講義のテキストとしても通用する名著が多数存在していた。たとえば、カーニハンの「UNIX プログラミング環境」などである。残念ながら過去の名著の多くは現在では入手困難で、かつ内容的に時代遅れになっている部分もある。

はじめに

　たしかに、当社は UNIX の会社なので、試験をくぐり抜けて採用される新入社員は、多かれ少なかれ UNIX の経験を持って入社する。しかし、最近のデスクトップ UNIX は便利すぎるため、基礎的な知識が一部抜け落ちたまま、それでも日々の作業には UNIX を使えてしまうというのが実状である。

　一方で、現実に UNIX で仕事をする段になると、古くからあるツールの使いこなしができるか否かは作業能力に大きく影響する。古くからの UNIX 技術者からみると、「どうして若者は、新しいアプリケーションには詳しいのに、基礎的なことを知らないのだろう」と疑問に思うことがしばしばである。

　大学の講義のような場所で学習する利点は網羅性にあると、われわれは考える。問題に突き当たったときにその場その場で身につける知識も重要であるが、必要となることがわかっている知識は、教科書のような網羅的な教材で学ぶべきだ。

　新しい UNIX の教科書が必要であると、われわれは考えた。

　そこで、UNIX で仕事をしている現場から見た、新入社員には最初から知っていてもらいたい基礎知識を、改めて教科書としてまとめることにした。それが、本書である。

　本書のベースになっているのは、UNIX にこだわり業務を続けている当社（株式会社創夢）の自家製新人研修テキストであるが、今回書籍化にあわせて大幅に加筆修正を行った。最近の入門書では切り捨てられてしまうことの多い内容を落とさないようにし、なおかつ古典では古くなった情報を更新して提供することを目指して執筆した。

対象読者

　本書は、これから UNIX の仕事を始める人、そして現在 UNIX の仕事をしている人に向けて、最低限これだけは身につけてから仕事を始めてほしい知識を述べている。

　そもそも UNIX は、AT&T ベル研究所（当時）のデニス・リッチーらによって、1969 年より開発が始められた OS である。その後、AT&T でのリリースから分岐し UCB（カルフォルニア大学バークレー校）から BSD UNIX（以後、BSD）がリリースされ、商用・非商用含めて多数の亜種が生まれている。AIX, Solaris, HP-UX, Mac OS X（現在の正式名称は OS X だが、わかりやすくするために本書では Mac OS X と表記する）などは認証を受けた UNIX である。FreeBSD, NetBSD, OpenBSD などの BSD 系フリー UNIX は認証こそ受けていないが、BSD の後継である。

　一方 Linux は、UNIX とは別に独自に開発された OS であり、UNIX ライクな OS ではあるものの歴史的にも認証的にも UNIX とは呼べない。しかし現在一般には広く普及している UNIX ライク OS である。

　本書を執筆するにあたり、コマンドの実行などの具体例については対象 OS を限定する必要があった。そこで、BSD の後継である FreeBSD と、広く使われている Linux ディストリビューションのうち、Ubuntu を対象とすることにした。

　言及する内容については、正直選別に困った。たとえば図を書く方法 1 つとっても、昔からあるツー

ルと最近のツールではできることが大きく異なる。sed や awk を知らなくても、python か ruby を知っていればたいていの場面では困らない。

われわれは「いかに UNIX 的であるか」を基準に選択することにした。UNIX 的なオペレーションとは、CUI（CLI：Command Line Interface とも言う）でコマンドを駆使して行うものである。結果として、GUI ベースのツールや、新しいツールの網羅ができず、新しいツールに興味津々の若い読者には、物足りない内容になってしまったかもしれない。

新しいツールの使い方に興味を持つ読者は、次々と現れる新しい書籍を読んでいただきたい。本書はそれらの書籍とは衝突しない。

古典的な UNIX のコマンドラインインターフェイスは、UNIX が作られて以来 40 年以上の間、使われ続けてきたのである。温故知新ともいうし、まずは古きをたずねてみてはいかがであろうか？

本書が対象とする読者は以下のような人である。

- 情報系の学部 2 年生レベルの UNIX 講義の内容を学びたい人。
- 情報系の大学で学んだものの、ほとんど UNIX の教育を受けないまま、IT 業界に就職することになった人。
- 就職して 2〜3 年になるが、先輩から「こんなことも知らないのか」と叱咤されることがあるエンジニア。

UNIX 業界の IT エンジニアとして仕事を始めると、現場には大きく 2 種類の仕事があることがわかると思う。1 つは UNIX で動作するソフトウェア（場合によっては UNIX カーネルそのもの）を開発する仕事。もう 1 つは、UNIX 上で動作するソフトウェアを使って環境やサービスを構築し、それを運用する仕事である。

現在では両者はほぼ分業されているが、1990 年代以前から UNIX の仕事をしている人にとって、両者はどちらもできて当たり前のことであった。ソフトウェアを開発する人も、自分たちのサーバやネットワークは自力で構築して運用しなければならない。運用構築系の仕事をする人も、ソフトウェアに不具合があったら自力でデバッグまでしなければならない。その際に、カーネルの解析が必要になる場合もある。

本書では、開発と環境構築運用の両方の内容をカバーしようと試みた。それが「UNIX 的なやりかた」だと考えるからである。

もし、読者の中に、今の自分がどちらかの知識しか持っていないと感じる人がいたら、ぜひ不足している知識の底上げに本書を利用していただきたい。

本書の目的は、「底上げ」にあるのだから。

はじめに

本書の読み方

すでにある程度の UNIX の経験がある読者であれば、まずは流し読みをしてもらいたい。自分が持っている知識は読み飛ばして構わない。その上で、足りない箇所があったら再確認してほしい。

UNIX の知識をほとんど持たずに本書を読みはじめた読者は、最初から一通り順番に読んでほしい。それは、教科書を講義の順番に読むことと等しい。いますぐに必要にならない知識であっても、一度でも目にしておけば頭のどこかには残るはずだ。その知識が本当に必要になったときに、改めて本書を開き直すか、その時点の最新の情報を調べればよい。

本書の読み方について言及しておくとすれば、むしろ「読ませる側」に対してであろう。本書は、大学の学部レベルの教科書や、企業の新入社員の研修資料として活用されることも目指している。項目ごとにおおよそ独立している内容なので、切り貼りなどを行い、独自の教科書を作っていただいて構わない。

なお、本書全般に渡り、ファイル名や変数名として「仮の名前」を使う場合は、"foo","bar","baz"を用いている。これは英語圏、とくに UNIX 文化圏では常識的に使われている名称であり、「メタ構文変数」と呼ばれる。同様のものは日本語では"hoge","hogehoge"などがある。しかし、"hoge"というメタ構文変数は不真面目だと受け取られるケースがあるため、使用する場合には注意してもらいたい。

本書の構成を以下に示す。

第 1 部（第 1 章から第 7 章）は「生活環境編」と題し、UNIX で日常の作業ができるようになることを目的とする。日常の作業という点では、ウェブの閲覧とメールの読み書きは必須である。しかしブラウザの操作はいまとなってはわざわざ教示するような内容ではないし、メールの読み書きは、利用するクライアントや利用するサーバ環境によって大きく異なるため、両者ともに除外した。読者が指導する側で教科書として用いる場合は、個々の環境に合わせて追記していただくのがよい。

また、本書では UNIX システムの管理作業の基礎を述べている。学部の初学者や、入社したばかりの新人社員がいきなり UNIX 管理者を任せられることは昨今ではないと思うが（牧歌的な時代ではそういうスパルタも散見された）、デスクトップ UNIX を使う場合は全員が管理者でもある。逆に管理者としての基礎知識が求められるケースは増えているものと考え、この内容を含めることにした。

第 2 部（第 8 章から第 11 章）は「プログラミング環境編」と題し、開発業務の基礎について述べる。ソフトウェア開発はどのような言語をどのようなプラットフォームで用いるかによって条件が変わってくるが、UNIX での開発の場合に共通して必要となるであろう知識に重点を置くようにした。

第 3 部（第 12 章から第 19 章）は「ネットワーク技術編」と題し、TCP/IP ネットワークの基礎について述べる。TCP/IP は 4.2BSD において実装され、参照実装として用いられてきた。ソケット APIも 4.2BSD で導入されたものであり、開発だけでなく、システム管理作業においても、TCP/IP ネットワークの基本を網羅しておくことは重要である。

謝辞

　本書は、株式会社創夢の新人研修テキストを下書きとして執筆を行った。当初、2012年度末の完成を目指していたが、紆余曲折あり刊行がずれこんでしまった。しかし、ある程度普遍性のある内容を盛りこむのが趣旨でもあるため、刊行の遅れによって書籍が陳腐化するということはないと考えている。

　2012年度末を目標とした執筆体制の元では、創夢の以下の社員を筆頭とした10名近い人数で執筆を担当した（一部ペンネーム、敬称略、50音順)。

- 井上辰彦
- 浦上創史
- 高筒崇
- v（ブイ）

2013年度に入り、以下のメンバーにて取りまとめ、全面的な加筆修正を行った（同じく敬称略、50音順)。

- 稲島大輔
- 木本雅彦
- 松山直道

　本書の作成プロジェクトを認め、バックアップしてくれた創夢という会社に多大なる感謝を、内容チェックや校正に協力してくれた全社員に謝意を表する。

　予定よりも大幅にスケジュールがずれこむ中、本書の執筆においては、株式会社KADOKAWAの臼田氏と鈴木氏には多大な協力と指導をいただいた。ここに感謝する。

目次

はじめに 3
 本書のねらい 3
 対象読者 4
 本書の読み方 6
 謝辞 7

第1部　生活環境編 ─────────────────────────── 13

第1章　ログイン/ログアウト 15
 1.1 そもそもログインとは 15
 1.2 TELNET によるリモートログイン 17
 1.3 SSH によるリモートログイン 18
 1.4 ログアウト 19

第2章　UNIX の基本操作 21
 2.1 シェル 21
 2.2 リダイレクションとパイプ 24
 2.3 UNIX のファイルシステム 25
 2.4 基本のファイル操作 27
 2.5 パーミッション・オーナーの管理 29
 2.6 正規表現 32
 2.7 grep 34
 2.8 sed 35
 2.9 awk 37
 2.10 アーカイバ 39
 2.11 その他のコマンド 41

第3章　テキストエディタ …… 43

3.1　基本のテキストエディタ …… 43

3.2　限定された環境でのファイル編集 …… 46

3.3　Vi と Vim …… 48

3.4　Emacs …… 55

第4章　作業の自動化（シェルスクリプト）…… 69

4.1　シェルスクリプトによる作業自動化の必要性と利点 …… 69

4.2　Bourne shell について …… 70

4.3　簡単なスクリプトの作成と実行 …… 70

4.4　シェルスクリプトの実用例 …… 72

第5章　オンラインマニュアル …… 75

5.1　オンラインマニュアルを必要とする場面 …… 75

5.2　氾濫する情報の危険性 …… 76

5.3　man コマンド …… 77

5.4　info コマンド …… 82

5.5　ヘルプメッセージ …… 83

第6章　セキュリティ …… 85

6.1　UNIX におけるセキュリティ …… 85

6.2　ルート権限の獲得方法 …… 86

6.3　共通鍵暗号と公開鍵暗号 …… 87

6.4　SSH の応用 …… 89

6.5　PGP による暗号化、電子署名 …… 92

第7章　UNIX システム管理 …… 99

7.1　UNIX における管理作業 …… 99

7.2　起動とシャットダウン …… 100

7.3　ユーザとグループの管理 …… 102

7.4　パッケージ管理 …… 104

7.5　TCP/IP ネットワーク管理 …… 106

7.6　DNS（名前サービス）…… 111

7.7　サービスの管理 …… 114

7.8　トラブルシュート …… 116

第2部 プログラミング環境編 ————————— 123

第8章　UNIX プログラミング環境 ···················· 125
8.1　プログラミング環境概要 ······························· 125
8.2　C 言語による開発実例 ································· 132
8.3　Java による開発実例 ··································· 140
8.4　LL 言語による開発実例 ······························ 143

第9章　バージョン管理システム ···················· 147
9.1　バージョン管理システムとは ······················· 147
9.2　バージョン管理システムの種類 ···················· 148
9.3　バージョン管理システムの使い方 ················· 149
9.4　Subversion の使い方 ································· 154
9.5　Git の利用方法 ··· 163

第10章　ソースコードからのドキュメントの作成 ··· 177
10.1　はじめに ··· 177
10.2　ドキュメント生成ツールの種類 ···················· 177
10.3　ドキュメント生成ツールの利用方法 ··············· 178

第11章　ソフトウェアライセンス ···················· 183
11.1　ライセンスを考慮する理由 ························· 183
11.2　オープンソースライセンス ························· 184

第3部 ネットワーク技術編 ————————— 185

第12章　UNIX とネットワーク技術 ················· 187
12.1　TCP/IP 実装の公開と普及 ························ 187
12.2　LAN と WAN ·· 188
12.3　ネットワーク端末としての UNIX ················· 188

第13章　OSI 参照モデル ···························· 191
13.1　OSI 参照モデル ······································ 191
13.2　TCP/IP と OSI 参照モデル ····················· 193

第14章　データリンク層 195

14.1　データリンクとは 195
14.2　データリンクの基本 196
14.3　Ethernet 198
14.4　無線 LAN 198
14.5　Point-to-Point 接続 198

第15章　IP と関連プロトコル 201

15.1　IP の基本 201
15.2　IPv4 と IPv6 202
15.3　IP アドレス 202
15.4　特殊な IP アドレス 203
15.5　ルーティング 206
15.6　関連プロトコル 207

第16章　TCP と UDP 211

16.1　ポート番号 211
16.2　UDP 211
16.3　TCP 212
16.4　TCP のコネクション 212
16.5　TCP の通信 213
16.6　TCP 通信の制御 214
16.7　TCP と UDP の使い分け 214

第17章　アプリケーションプロトコル 215

17.1　Web アクセス（HTTP/HTTPS） 215
17.2　電子メール（SMTP/POP/IMAP） 217
17.3　リモートログイン（TELNET/SSH） 218
17.4　ファイル転送（FTP/rsync） 218
17.5　ファイル共有（NFS/SMB） 219
17.6　VoIP（SIP/RTP） 219
17.7　システム運用管理（DNS/DHCP/NTP/SNMP） 220
17.8　X プロトコル 220

第18章　IP 関連の技術 221

18.1　名前解決 221
18.2　IP アドレスの付与 222

目次

18.3 アドレス変換（NAT・NAPT・IP マスカレード） ………………………… 223

18.4 トラブルシューティング ………………………………………………… 223

第19章　ネットワークセキュリティ ……………………………………… 227

19.1 ネットワーク上の攻撃 …………………………………………………… 227

19.2 認証システム …………………………………………………………… 231

19.3 通信フィルタとファイヤウォール ……………………………………… 233

19.4 通信の暗号化 …………………………………………………………… 234

19.5 VPN …………………………………………………………………… 235

おわりに ……………………………………………………………………… 236

著者紹介 ……………………………………………………………………… 238

索引 ………………………………………………………………………… 240

第1部

生活環境編

第1章 ログイン/ログアウト

1.1 そもそもログインとは

　はじめて UNIX システムを触ろうとするあなたの前に表示されているのは、図 1-1 のような画面だろうか、それとも図 1-2 のような画面だろうか、それともシンプルに図 1-3 のような画面だろうか。

図 1-1　Ubuntu 13.04 のログイン画面

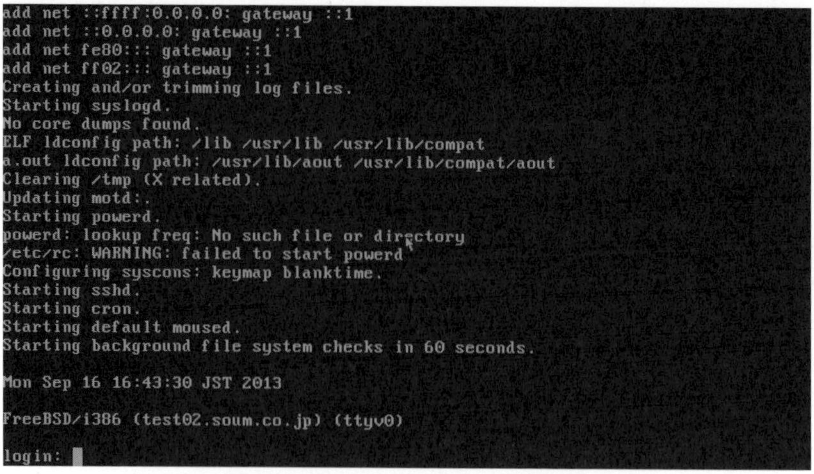

第1章 ログイン/ログアウト

図1-2 FreeBSD 9.1 のログイン画面

図1-3 XDM のログイン画面

　いずれの場合でも、あなたが求められていることは同じだ。それが「ログイン」である。ログインとは、自分が何者であるかを宣言し、システムの認証を通り、システムを操作する権限を得ることである。簡単に言えば、ユーザ名（ログイン名とも言う）とパスワードを入力し、システムの利用を開始する操作である。

　UNIXには「ユーザ」という概念がある。ユーザにはユーザ名とUIDという一意な番号が割り当てられている。UNIXを利用する権限を称してアカウントと呼ぶ（銀行口座の意味）。

　ログインする方法には、目の前のデスクトップ機に直接ログインする方法と、ネットワーク経由で

リモートログインする方法とがある。手もとのデスクトップにログインした場合、多くの場合はGUI環境が起動する。GUIの操作は多くの他の書籍を参照してもらえばよいので、本書では割愛する。リモートログインには以下の方法がある。

TELNET、RLOGIN などを使ったログイン

UNIXに古くからある、通信経路が暗号化されないリモートログイン方法である。SSHがあるため、インターネット経由のログイン方法としては最近ではほぼ利用されていない。ただし、ネットワーク機器などの遠隔操作のためには、現在でも必要とされる場面が多い。

SSH（Secure Shell）を使ったログイン

通信内容の盗聴や接続先サーバのなりすましを避けて、安全にログインできる。サーバ側のコマンドラインインターフェイス（シェル）を操作できる。接続先ホストでSSHサーバが動作している必要がある。

別ホストのデスクトップ画面をネットワーク経由で表示してログイン

UNIXが採用しているX Window Systemは、ネットワーク透過性を特色としており、画面表示機能だけを手もとの端末側に切り離した「X端末」という運用が可能である。X端末のログイン画面を管理するプロトコルがXDMCPであり、ログイン画面を表示するプログラムの実装の1つがXDMである。また近年では、シンクライアントやVNCのように、画面の表示画像そのものをネットワーク経由で送信して、手もとの端末にUNIXホストのログイン画面を表示する方法もある。後者はWindowsのリモートデスクトップと類似のログイン方法だと言えば通りがよいだろう。

SSHもTELNETも（通常、大文字で書いた場合はプロトコルの名称、小文字で書いた場合はコマンドの名称を示すが、文脈上片方に限定しずらい場合もある）、さまざまなクライアントアプリケーションが存在する。本書には「UNIXでUNIXの仕事をする」という前提があるため、クライアント機もUNIXであると想定する。このため、以降の節では、OS標準のtelnetコマンドと、OpenSSHを使ったログイン方法を説明する。

1.2 TELNETによるリモートログイン

TELNETは、遠隔のホストに接続し端末から操作できるようにするためのプロトコルであり、UNIXに搭載されている標準的なTELNETクライアントがtelnetコマンドである。

telnetを用いてネットワーク経由でサーバに接続するためには、以下を実行する。

```
% telnet ホスト名
```

これにより、相手のログインプロンプトが表示されるので、ユーザ名とパスワードを入力する。こ

第1章　ログイン/ログアウト

のとき、ユーザ名とパスワードは平文のままネットワークを流れる。

　また、telnet コマンドは、テキストベースの汎用 TCP クライアントとして用いることもできる。
以下のようにポート番号（ここでは 80 番）を指定すると、接続先サーバの HTTP サービスに接続で
きる。

```
% telnet ホスト名 80
```

　これにより、TCP サーバの動作確認などができるため、実務を行う上で非常に重要かつ有益なコマ
ンドである。

1.3 SSHによるリモートログイン

　SSH プロトコルで通信するプログラムの実装の 1 つが、OpenSSH（http://www.openssh.org/）で
ある。OpenSSH は、FreeBSD と Ubuntu の両者ともに、標準でインストールされている。SSH を使
うと、以下の機能により、安全にログインできる。

- 通信経路の暗号化による盗聴防止
- サーバ認証を用いた、サーバのなりすまし（中間者攻撃）防止
- パスワードだけでなく、公開鍵認証方式を用いたユーザ認証
- 通信パケットの完全性の保証による、通信内容の改ざん防止

ログインするためには、ホスト名とユーザ名、パスワードが必要になる。

　ログイン中のローカルホストにおけるユーザ名と同じ名前でリモートログインするのであれば、ユー
ザ名を省略できる。

```
% ssh ホスト名
```

異なるユーザ名でログインする場合は、「ユーザ名@」を追加する。

```
% ssh ユーザ名@ホスト名
```

　ssh コマンドを使って接続を開始すると、パスワード入力を求められる。成功すればログインできる。

　パスワード以外に、ユーザ用の公開鍵を使ったユーザ認証方法、その他のユーザ認証方法を使って、
サーバに認可してもらう方法もある。サーバによっては、パスワード認証を利用できず、公開鍵暗号
方式に限定されている場合がある。公開鍵認証方式については、「第 6 章 セキュリティ」で紹介する。

　接続先ホストが初めて接続するサーバの場合に、以下のような表示が出る。

```
% ssh ホスト名
The authenticity of host 'ホスト名 (IPアドレス)' can't be established.
```

18

```
ECDSA key fingerprint is f2:7f:6a:4e:b2:e4:ca:4b:f2:61:5e:f8:81:8d:09:77.
Are you sure you want to continue connecting (yes/no)?
```

上記は、ECDSAによる公開鍵暗号を使用していて、サーバ側ホスト公開鍵のフィンガープリントがf2:7f:6a:4e:b2:e4:ca:4b:f2:61:5e:f8:81:8d:09:77であることを示している。サーバのフィンガープリントが想定と一致することを確認した後に、yesを入力して接続する。

フィンガープリントが異なる場合は、通信経路上で中間者攻撃（Man In The Middle Attack）をされていることになる。その場合はnoを入力して接続を中止する。

yesを入力すると、以下のように手元にサーバの公開鍵が保存され、今後はこの確認が不要になる。

```
Warning: Permanently added 'ホスト名,IPアドレス' (ECDSA) to the list of known hosts.
```

サーバ側ホスト公開鍵のフィンガープリントは、事前に接続先サーバの管理者に教えてもらう必要がある。参考までに、サーバ管理者がホスト公開鍵のフィンガープリントを得る方法を紹介しておこう。以下は、.pubファイルが3種類あり、RSA、DSA、ECDSA用の公開鍵が存在している場合の例である。

```
% ssh-keygen -l -f  /etc/ssh/ssh_host_rsa_key.pub
2048 10:5e:6a:df:e3:f0:57:51:38:a3:a7:b6:66:45:b5:94  root@ホスト名 （RSA）

% ssh-keygen -l -f  /etc/ssh/ssh_host_dsa_key.pub
1024 7b:0b:c5:bf:44:01:bb:43:22:e4:ba:73:3f:bc:c7:77  root@ホスト名 （DSA）

% ssh-keygen -l -f  /etc/ssh/ssh_host_ecdsa_key.pub
256 f2:7f:6a:4e:b2:e4:ca:4b:f2:61:5e:f8:81:8d:09:77  root@ホスト名 （ECDSA）
```

1.4 ログアウト

そのホストでの作業を終了する場合は、「ログアウト」を行う。保存していないファイルなどがあれば、ログアウトの前に保存することを忘れないようにする。

TELNETやSSHによってリモートログインをしていた場合、ログアウトするにはexitコマンドまたはlogoutコマンドを実行し、使用していたシェルを終了させる。

logout、exitコマンドの代わりに、Controlキーを押しながらdを押してもそのシェルを終了することができる。ただし、この挙動は危険であり、システム側のデフォルト設定が無効になっている場合もある。

GUIデスクトップ環境を利用している場合は、すべてのアプリケーションを正しく終了してから、メニューからログアウトを選択するのが一般的であるが、デスクトップ環境によって手順は異なる。

第2章 UNIXの基本操作

2.1 シェル

　UNIX の操作の基本は CUI である。すなわち、キーボードからコマンドを入力し、応答を得る。この繰り返しだ。

　GUI デスクトップ環境を利用している読者は、「端末」「ターミナル」などのアプリケーションを実行し、コマンドラインを利用できるようにしていただきたい。ログインしたとき、あるいはターミナルを実行したときに起動するのが「シェル」と呼ばれるプログラムである。

　以下は FreeBSD にリモートログインしたときの例で、最下行がシェルプロンプト（シェルが入力待ちになっている状態）である。

```
Last login: Sun Dec 22 11:52:45 2013 from 192.168.0.32
FreeBSD 9.2-RELEASE (EXAMPLE) #27: Wed Nov 13 20:03:05 JST 2013

Welcome to FreeBSD!

Before seeking technical support, please use the following resources:

o  Security advisories and updated errata information for all releases are
   at http://www.FreeBSD.org/releases/ - always consult the ERRATA section
   for your release first as it's updated frequently.

o  The Handbook and FAQ documents are at http://www.FreeBSD.org/ and,
   along with the mailing lists, can be searched by going to
   http://www.FreeBSD.org/search/.  If the doc package has been installed
   (or fetched via pkg_add -r lang-freebsd-doc, where lang is the
   2-letter language code, e.g. en), they are also available formatted
   in /usr/local/share/doc/freebsd.

If you still have a question or problem, please take the output of
'uname -a', along with any relevant error messages, and email it
as a question to the questions@FreeBSD.org mailing list.  If you are
unfamiliar with FreeBSD's directory layout, please refer to the hier(7)
```

21

```
manual page.  If you are not familiar with manual pages, type 'man man'.

Edit /etc/motd to change this login announcement.

Erase is backspace.
Honesty's the best policy.
                -- Miguel de Cervantes
%
```

シェルはユーザに対するインターフェイスとなる。シェルは対話的操作を行うときにも、バッチ的（ファイルに手順を記述して実行させる）処理を行うときにも利用する。後者をシェルスクリプトと呼ぶ。UNIX を使うときの操作効率はシェルに依存すると言ってもよい。それだけに、さまざまなシェルが開発されている。

主なシェルを以下に列挙する。

Bourne Shell 系

sh

Bourne Shell は Version 7 UNIX 用に開発されたシェルで、シェルスクリプトなど、UNIX の動作の基本となる。/bin/sh としてすべての UNIX に搭載されているが、OS によっては Bourne Shell 互換のシェルに置き換えられている場合もある。BSD では Bourne Shell をリメイクした ash が/bin/sh として使われている。

bash

Bourne Shell の上位互換シェルとして GNU プロジェクトにより開発されたシェル。多くの Linux で標準のシェルとして採用されている。/bin/sh の実体が bash となっている OS もある。

ksh

AT&T ベル研究所で開発された UNIX System V の標準シェル。Bourne Shell の上位互換だが、機能が大幅に拡張されている。現在ではあまり使用されていない。

zsh

Bourne Shell や ksh, csh など他の多くのシェルとの上位互換性を持つ多機能なシェル。熱狂的な愛好者が多い。

C Shell 系

csh

BSD の一部として開発されたシェル。Bourne Shell の置き換えを狙ったものではなく、ユーザが対話的に使用するシェルとしての操作性向上を目的としている。Bourne Shell との互換性はないため、/bin/sh として使われることはなく、/bin/csh として搭載される。

tcsh

csh の上位互換シェルで、履歴や補完機能などの対話的機能に優れている。

本書で扱うシェルは bash または tcsh であるが、シェルの違いに依存する内容の場合はそのつど注記する。

すべてのシェルに共通する基本機能を以下に列挙する。

- ユーザの入力を受け取り、コマンドを実行し、結果を表示する。この処理を繰り返す（この一連の動作を Read-Evaluate-Print の頭文字を取って REP ループと呼ぶことがある）。
- ユーザが操作している端末を制御する。たとえば Control - C を押したときに、プロセスに停止シグナルを送る処理などがこれに含まれる。
- シェルは変数を持ち、コマンド実行や結果表示の方法などをカスタマイズできる。
- コマンドの入出力のパイプラインや、ファイルへのリダイレクト（後述）を制御する。
- alias や function という機能で、操作をマクロ化できる。

ログイン時に使用するシェルは chsh コマンドで変更できる。どのシェルを利用するのも自由だが、最低でも Bourne Shell（/bin/sh）のスクリプトは読めるようになっておくべきである。/etc/rc など、UNIX のシステムの挙動を定める部分の多くはシェルスクリプトで書かれているためだ。

どのシェルにも共通する項目として、変数について述べておきたい。シェルには環境変数とシェル変数という 2 つの変数がある。正確にはシェルが持っているのはシェル変数のみで、環境変数はプロセスごとに割り当てられた変数空間にある。

環境変数には、設定情報やプログラムの挙動を指定する値を代入する。プログラムを実行すると、実行元の環境変数のコピーが渡されるため、環境変数は自分自身と自分の子供にしか影響を与えない。

シェル変数は名前のとおり、そのシェルの中でだけ使える変数である。シェルの動作を指定する変数もあるが、普通に値を格納する変数としても使える。

Bourne Shell 系では、シェル変数の代入に=文を、シェル変数を環境変数にするために export 文を使う。

```
$ LANG=C （シェル変数への代入）
$ export LANG （シェル変数を環境変数にエクスポートする）
```

C Shell 系では、シェル変数の代入に set 文を、環境変数の代入に setenv 文を使う。

```
% set history=1000 （シェル変数への代入）
% setenv LANG C （環境変数への代入）
```

コマンドライン引数として与えられたファイル名には、*（アスタリスク。0 文字以上の文字列にマッチする）、?（クエスチョンマーク。1 文字にマッチする）などのワイルドカードが利用できる。UNIX では、ワイルドカードの展開はシェルが行うため、コマンドにワイルドカード文字列を直接渡すときには、クォート処理を行う必要がある。

特殊な文字として~（チルダ）がある。この文字は、ユーザのホームディレクトリのパスに展開され

第 2 章　UNIX の基本操作

る。~**ユーザ名**と記述すれば、そのユーザのホームディレクトリに展開される。

　引数のワイルドカード展開を行わないようにするためには、クォート文字で囲む。シングルクォートで囲まれた文字列はそのままコマンドに渡される。

```
$ grep '$VERBOSE' /etc/init.d/*
/etc/init.d/bootlogd:   [ "$VERBOSE" != no ] && ...
...
```

ダブルクォートで囲まれた文字列は変数の展開が行われた後にコマンドに渡される。

```
$ grep "$HOME" /etc/passwd
user:x:1028:200:TEST User,,,:/home/user:/bin/tcsh
```

　バックスラッシュに続く文字はそのままコマンドに渡される。たとえば空白を引数として渡す場合はバックスラッシュに続けて空白を記述する。

```
$ ls -l foo\ bar*
-rw-r--r-- 1 user member 235 Feb  4 18:24 foo bar001
```

2.2 リダイレクションとパイプ

　UNIX でコンソールへの文字表示を行う場合、printf などの関数を用いる。これらの関数は標準出力への文字の書き込みを行っている。同様に文字入力は標準入力からの読み込みになり、エラーメッセージは標準エラー出力への書き込みになる。標準入出力はファイルと同じように扱えるため、ファイルへの入出力とコンソールの入出力は同じように扱える。

　パイプという特殊な入出力機構を用いることで、あるコマンドの標準出力を別のコマンドの標準入力につなげることができる。シェルの機能として、以下のように'|' で接続して記述する。

```
% date | cut -2
```

　この例では日付を表示する date コマンドの出力を、文字列のカラムを切り出す cut コマンドに渡している。

　標準出力の内容をファイルに書き出すこともできる。以下のように'>' で書き出す先のファイルを指定する。これをリダイレクトと呼ぶ。

```
% tail -10 inputfile.txt > outputfile.txt
```

　この例では、inputfile.txt の末尾 10 行を outputfile.txt に書き出している。
　標準エラー出力と標準出力を合わせて書き出す場合は以下のようにする

```
borne shellでの例：
$ tail -10 inputfile.txt > stdout_and_err.txt 2>&1
c shellでの例：
% tail -10 inputfile.txt &> stdout_and_err.txt
```

標準エラー出力と標準出力を分けて書き出す場合は以下のようにする。

```
bourne shellでの例：
$ find /usr > stdout.txt 2> stderr.txt
```

なおC Shellでは、標準エラー出力と標準出力を別ファイルにリダイレクトすることができない。

パイプは複数段連結することができるが、パイプの途中の結果をファイルに落としたい場合がある。このときに用いるのがteeコマンドである。名前の由来は、データの流れと「T」という文字の形を重ね合わせて考えてほしい。

```
% command_A | tee file | command_B > file.txt
```

2.3 UNIXのファイルシステム

UNIXの基本となるのがファイル操作である。UNIXでは、ほとんどのシステム資源をファイルとしてアクセスできる。UNIXのファイルシステムは以下の特徴をもつ。

- 可能なものはすべてファイルシステムノードで表す（名前空間）。
- データ形式を強要せずバイトストリームとして扱う。
- コマンドは標準入力から読んで標準出力に書き、複数のコマンドの入出力を連結したパイプが構成できる。パイプはファイル入出力と同様に扱える。

UNIXでは階層化ディレクトリ構造を採用している。ディレクトリとは、ファイルを複数格納できるもので、他のOSではフォルダと呼ばれることもある。ディレクトリの中にはディレクトリを格納できるので、全体として階層を持った木構造となる（**図2-1**）。ディレクトリの連なりをパスと呼び、パスの区切り文字は/（スラッシュ）である。Windows OSと異なり、ドライブレターが存在しないため、根となるルートディレクトリは1つである。

UNIXのディレクトリ構成は、歴史的にはリリースや製品ごとにさまざまな流儀があったが、現在では多くのOSでFHS（Filesystem Hierarchy Standard）に準拠している。FHSの代表的なディレクトリ構造を以下に挙げる。

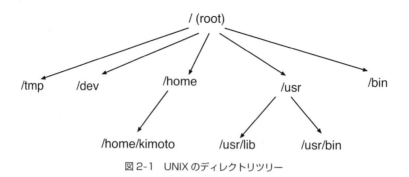

図 2-1　UNIX のディレクトリツリー

表 2-1　FHS で定められたディレクトリ構成

ディレクトリ	説明
/	ファイルシステム階層全体の第一階層（ルートディレクトリ）
/bin	シングルユーザモードで必要となる基本コマンド。
/dev	デバイスファイル。
/etc	システムの動作や設定に関わるファイル。
/home	一般ユーザのホームディレクトリ。
/lib	/bin/ や /sbin/ にあるコマンドの実行に必要なライブラリ。
/mnt	ファイルシステムの一時マウントに用いる。
/root	root のホームディレクトリ。
/sbin	システム管理系コマンド。
/tmp	一時ファイル置場。
/usr	大部分のアプリケーションなどが格納される。このディレクトリ以下は読み込み専用で運用可能である。
/var	システム動作時に内容が変わるファイル群。ログなど。

　UNIX のファイルシステムは木構造になっていると述べた。木構造の節となる箇所がディレクトリであり、節から延びる枝の先の末端がノードである。ファイルはノードの一種にすぎない。以下にノードの一覧を挙げる。

- 通常ファイル
- ディレクトリ
- デバイスファイル
- 名前付きパイプ
- シンボリックリンク
- ソケット

　ノードは、ファイルシステム内で「i ノード」というデータ構造により表現さる。i ノードのデータ構造は、ファイルシステムの管理領域に配列として格納されており、配列へのインデックスである「i ノード番号」を用いて一意に表すことができる。

UNIX では、同じファイルの実体に異なる名前をつけることができる。これをリンクと呼ぶ。リンクにはハードリンクとシンボリックリンクがある。ハードリンクは、異なるファイル名が同じ i ノードを指すことで実現しており、同じパーティション内で異なるファイル名を付与できる。ディレクトリへのハードリンクは作成できない。シンボリックリンクは、特殊なファイルにリンク先へのパスが記録されているもので、パーティションを跨いだリンクも作成することができる。ただし、参照の際にはディスクアクセスが一回増えることになる。

2.4 基本のファイル操作

以下では、ファイル操作のための代表的なコマンドを列挙する。

cd

カレントディレクトリを移動する。引数を与えない場合には、ホームディレクトリに移動する。カレントディレクトリとは、プロセスが相対パス（ルート '/' で始まらないパス指定）を解釈する際の基準となるディレクトリで、プロセスごとに状態として保持している。プロセスは実行開始時に、カレントディレクトリの設定を親プロセスから受け継ぐ。他のプロセスのカレントディレクトリを変更する機能は用意されていない。シェル自身のカレントディレクトリを変更する cd コマンドは組み込みコマンドとして実装されている。

pwd

カレントディレクトリを絶対パス名で表示する。

ls

ディレクトリのファイル一覧を表示する。ディレクトリの指定がない場合はカレントディレクトリの内容を表示する。

- 基本的なオプション

    -l：長い書式による一覧（パーミッション、オーナー、サイズ、最終修正時刻など）を表示する。

    -a：すべてのファイルを表示する。ファイル名がピリオドで始まるファイルも含める（ファイル名がピリオドで始まるファイルは -a を付与しない場合には表示されない）。

mkdir

新しいディレクトリを作成する。

- 基本的なオプション

    -p：指定されたパスの途中のディレクトリも同時に作成する。

第 2 章　UNIX の基本操作

rmdir

指定したディレクトリを削除する。削除する際には対象ディレクトリが空でなければならない。

cp

ファイルをコピーする。コピー先に既存のディレクトリを指定すると、そのディレクトリの下にコピー元ファイルがコピーされる。コピー先に既存のファイルを指定すると、コピー先のファイルは上書きされる。

● 基本的なオプション

-p：所有者、グループ、パーミッション、タイムスタンプなどすべての情報を保存する。

-r：ディレクトリを再帰的にコピーする。

-f：コピー先の既存ファイルに強制的に上書きする。

-i：コピー先に上書きする前にユーザに問い合わせを行う。

-P：コピー元がシンボリックリンクであった場合、シンボリックリンクとしてコピーする。
-P オプションが指定されない場合、シンボリックリンクは同一の内容を持つ通常ファイルとしてコピーされる。

mv

ファイルやディレクトリの移動、あるいは名前変更を行う。

● 基本的なオプション

-f：強制的に移動する。

-i：コピー先に上書きする前にユーザに問い合わせを行う。

rm

指定したファイルを削除する。

● 基本的なオプション

-r：ディレクトリを指定している場合、そのディレクトリ全体とサブディレクトリの中身を含むすべてのファイルを削除する。

-i：ファイルを削除する前にユーザに問い合わせを行う。

-f：パーミッションに構わず、ユーザへの確認をせずにファイルを強制的に削除する。

ln

ファイルのシンボリックリンクまたはハードリンクを作成する。

● 基本的なオプション

-s：ファイルのシンボリックリンクを作成する。なお、-s オプションをつけなかった場合はハードリンクが作成される。

-f：指定先にファイルがすでに存在している場合でも強制的に作成する。

cat

1つまたは複数のファイルを読み、連結して標準出力に出力する。

echo

引数に与えられた文字列を表示する。

test

式を評価する。Bourne Shell は条件式を処理する機能を持っていないため、test コマンドで式を評価し、その結果を if 文で判定する。test コマンドは"["という名前のコマンド（FreeBSD では/bin/[、Ubuntu では/usr/bin/[）としても存在しているため、if [$a = "b"]; then といった記述が可能である。

2.5 パーミッション・オーナーの管理

2.5.1 ファイルのパーミッションとオーナーについて

UNIX では、それぞれのファイル（厳密には前述のノード）にオーナー・グループ・その他のユーザに対するパーミッション（アクセス権）が設定されている。パーミッションには、ファイルの読み込み（r）、書き込み（w）、実行（x）の3種類があり、パーミッションの与えられていない操作は行うことができない。

```
%  ls -l permission
-rwxr-xr--  1 user  member      1024 Mar 30 16:39 permission
```

ファイルのパーミッション

パーミッションの対象	owner			group			other		
パーミッション	r	w	x	r	w	x	r	w	x

ただし、root（管理者）であれば、権限を無視してファイルにアクセスすることができる。

29

第 2 章　UNIX の基本操作

2.5.2 ファイルのパーミッション・オーナー操作コマンド

chmod

ファイルのアクセス権（パーミッション）を変更する。

シンボルモード

アクセス権のシンボルを指定して変更する。以下の演算子とアクセス権を組み合わせて指定する。

演算子

+　　追加

-　　削除

=　　代入（指定したアクセス権のみになる）

アクセス権

r　　読み込み

w　　書き込み

x　　実行

実行権を追加する場合は+x となる。

```
%  ls -l permission
-rw-r--r--   1 user      member      1468 Jan 31 18:53 permission
%  chmod +x permission
%  ls -l permission
-rwxr-xr-x   1 user      member      1468 Jan 31 18:53 permission
```

また演算子の前にユーザを指定することができる（省略すると全ユーザが対象になるが、umask
の設定にも依存する）。

ユーザ

u　　オーナー

g　　グループ

o　　その他のユーザ

a　　全ユーザ（ugo）

グループの書き込み権を削除する場合は g-w となる。

```
%  ls -l permission
-rw-rw-rw-   1 tem      member      1468 Jan 31 18:53 permission
%  chmod g-w permission
%  ls -l permission
-rw-r--rw-   1 tem      member      1468 Jan 31 18:53 permission
```

数値モード

アクセス権のビットパターンを 8 進数で指定する。

30

●基本的なオプション

-**R**：ディレクトリが含まれる場合は、そのディレクトリ以下のアクセス権も再帰的に変更する。

chown

ファイルのオーナーを変更する。

●基本的なオプション

-**R**：ディレクトリが含まれる場合は、そのディレクトリ以下のアクセス権も再帰的に変更する。

chgrp

ファイルの所有グループを変更する。

●基本的なオプション

-**R**：ディレクトリが含まれる場合は、そのディレクトリ以下のアクセス権も再帰的に変更する。

umask

ファイル作成時のパーミッションに適用されるマスク値を変更する。

2.5.3 パーミッションの特殊な例

ディレクトリに対するパーミッション

ディレクトリに対する実行権は「ディレクトリをたどれる権限」となる。例として、/directory_a/directory_b/directory_c/file というパスがあったときに、directory_b の読み込み権限がなくても、実行権限があれば file にアクセスすることはできる（もちろん、directory_c の読み込み権限は必要である）。

誤って途中ディレクトリの実行権限を落としてしまうと、配下のディレクトリやファイルの読み込み権限はあるのにそのディレクトリにアクセスできないといった状態に陥るので注意が必要である。特に管理者権限で作業している場合に、作業者はアクセスできるのに一般ユーザ権限でアクセスできない症状が発生し復旧に手間取る可能性もある。

31

第 2 章　UNIX の基本操作

sticky ビットと setuid ビット

　パーミッションの特殊なビットとして、sticky ビット、set-uid ビット、set-gid ビットがある。それぞれファイルに対して設定された場合とディレクトリに設定された場合とで異なる意味を持つ。初心者には必要ないかもしれないが、使いこなせれば有用な機能である。

　sticky ビットは chmod コマンドの t フラグで設定する。実行ファイルに sticky ビットが設定されている場合、メモリに読み込まれた実行ファイルの内容がプログラム終了後もメモリに保持されたままになる。しかし近年はメモリの大容量化とディスクアクセスの高速化などの理由により、この動作をしない UNIX も増えている。FreeBSD と Linux では、実行ファイルの sticky ビットは無視される。

　ディレクトリに sticky ビットが設定された場合、そのディレクトリに作成されたファイルの削除やファイル名変更は、ファイルの所有者、ディレクトリの所有者、root（管理者）しかできなくなる。この機能は一般的には/tmp などで用いられる。

　/tmp はすべてのユーザへの書きこみ権限がついているため、そのままでは作成したファイルを他のユーザが削除できてしまう。これを避けるため、/tmp には sticky ビットを設定し、一般ユーザが他のユーザのファイルを削除できないようにしている。

　set-uid ビットと set-gid ビットは、chmod コマンドの s フラグで設定する。実行ファイルに対して set-uid ビットが設定されている場合、そのプログラムはファイルのオーナーの権限（実効 UID）で実行され、set-gid ビットが設定されている場合、そのプログラムはファイルのグループの権限（実効 GID）で実行される。

　ディレクトリに対して set-gid ビットが設定されている場合、配下に作成されたファイルはディレクトリのグループを引き継ぐ。この機能は、グループ内でファイルを共有する場合に有用で、実際 Subversion や git などのバージョン管理システムを用いて複数ユーザで開発作業を行う場合に使われる。ディレクトリに対して set-uid ビットが設定されている場合、Linux では無視され、FreeBSD では set-gid ビットと同じ動作をする。

2.6 正規表現

　正規表現（regular expression）とは、文字の種類や出現順序の規則によるテキストの表現方法である。UNIX のいくつかのツールは、文字列の検索や編集のために、正規表現を使用する。

　たとえば、a が 3 つ続いた後に b が 4 つ続く文字列は aaabbbb と表現する。しかし、aaaaabbbbb という文字列もこの条件を満たしている。aaabbbb に限定したい場合は、先頭と終端を示す記号をつけて^aaabbbb$と表現する。さらに、文字の数が 3 つや 4 つではなく 100 や 2000 の場合を表現するのに、そのまま羅列するのは無理がある。そこで繰り返し回数を指定する記法を用いて、^a{3}b{4}$と表現する。

32

もう少し実用的な例として、英語の月名を正規表現で記述してみよう。もっとも単純な表現は、すべての要素を「|（または）」で列挙する方法だ。

`^(January|February|March|April|May|June|July|August|September|October|November|December)$`

しかし、1月と2月はいずれも uary で終わり、6月と7月は Ju で始まり、9月から12月は ber で終わるという規則性に着目すると、以下のように表現できる。

`^((Jan|Febr)uary|March|April|May|Ju(ne|ly)|August|(Septem|Octo|Novem|Decem)ber)$`

その他の規則性を思いつく限り抽出すると、以下のような表現になる。

`^((Jan|Febr)uary|Ma(rch|y)|A(pril|ugust)|Ju(ne|ly)|((Sept|Nov|Dec)em|Octo)ber)$`

表 2-2 に、正規表現で使用する主な記号（メタキャラクタ）とその意味を示す。

表 2-2　正規表現で使用する記号

^	行の先頭
$	行の末尾
.	改行以外の任意の一文字
*	直前の正規表現の 0 回以上の繰り返し
{m}	直前の正規表現の m 回の繰り返し
|	または
[...]	... の内の任意の一文字
[^...]	... 以外の任意の一文字
(...)	グループ化
\(...\)	グループ化（sed）

UNIX では、以下のようなツールで正規表現を使用することができる。ただし、ツールによって書式が若干異なる場合がある。

- sed
- awk
- grep、egrep
- vi
- emacs

また、Java や Perl といったプログラミング言語では、ライブラリあるいは言語の機能として正規表現が扱えるようになっている。

なお、コマンドラインで正規表現を指定する場合は、正規表現で使用する記号がシェルに解釈されてしまうことがあるので注意が必要だ。'（シングルクォート）や"（ダブルクォート）でくくっておくのが無難だろう。

第 2 章 UNIX の基本操作

2.7 grep

grep コマンドの基本的な機能は、指定された入力（ファイル、標準入力）から、指定されたパターンにマッチする文字列を含む行を選択することだ。基本的な使い方は以下のとおり。

```
% grep pattern filename
```

pattern は正規表現で指定する。

grep 系のコマンドには egrep、fgrep もある。いずれも文字列の検索という基本的な機能は同じだが、使用方法が若干異なっている。egrep は grep とは異なり、pattern に完全な正規表現を指定できる。fgrep は、pattern に正規表現を指定できない分、高速な処理が可能だ。

2.7.1 grepの使用例

/usr/dict/words というファイルから文字列を検索する例をいくつか紹介する。このファイルには、英単語が一行に一語ずつ記述されている。

まずは、example を含む単語を検索してみよう。

```
% grep example /usr/dict/words
enexampleable
example
exampleful
perexample
reinexample
workexample
%
```

次に、正規表現を使用してみよう。

l、u、k、e という文字を、この順序で含む文字列を検索する。

```
% grep -i ’[^l]*l[^u]*u[^k]*k[^e]*e’ /usr/dict/words
bluejacket
fluke
leukemia
loudspeaker
Luke
luke
lukemia
lukcwarm
McCluskey
Milwaukee
Telefunken
%
```

34

2.7.2 egrepの使用例

egrep を使うと、| （または）を使った正規表現を記述できる。

```
% egrep -i 'example\{|\}[^l]*l[^u]*u[^k]*k[^e]*e' /usr/dict/words
bluejacket
enexampleable
fluke
example
exampleful
leukemia
loudspeaker
Luke
luke
lukemia
lukewarm
McCluskey
Milwaukee
perexample
reinexample
Telefunken
workexample
%
```

2.8 sed

sed は stream editor という意味を持つコマンドだ。ファイルや標準入力から読み取ったデータを、指定されたコマンドに基づいて編集して出力する。パターンマッチだけでなく、文字列の置換や並べ替えといった、より複雑な編集を行うことができる。基本的な使い方は以下のとおり。

```
% sed 'script' filename
```

上記の例では、filename から読み込んだ各行に対して script で指定された処理を施し、その結果を標準出力に書き出す。script には sed の編集コマンドを記述する。なお、script はあらかじめファイルに記述しておくこともできる。

2.8.1 sedの使用例

もっとも使用頻度の高い s コマンドの使用例を見てみよう。

s コマンドは、パターンに一致した文字列を別の文字列で置換する。基本的な書式は以下のとおり。

第 2 章　UNIX の基本操作

```
s/pattern/replacement/flags
```

pattern には、検索する正規表現を記述する。replacement は、置換する文字列だ。この部分を空文字列にすると、マッチした文字列の削除を意味する。flags は挙動を変更するためのフラグだが、ここでは説明しない。

以下に示すプログラムの例は、C++言語スタイルでコメントが記述されている。sed を使って、このプログラムのコメントを C 言語スタイルのコメントに変換してみよう。

```
% cat sample.c
//
// コメント行
//
#include <stdio.h>

int
main(int argc, char* argv[])
{
        // コメント行 1
        // コメント行 2
        if (argc == 1)
                // コメント行 3
                printf("sed は簡単だ !!\n");
        else
                // コメント行 4
                printf("sed は難しい !!\n");

        return 0;
}
%
```

次のように考える。まず、//の前後の文字列は変更不要なので、そのまま出力する必要がある。このため、正規表現のグループ化の指定を使って再利用する。また、//の後から行末までがコメントなので、この部分を出力するときは/*と*/で囲む。その他の行は何も手を加えずに出力する。

実行例は以下のとおり。

```
% sed -e 's/\([     ]*\)\/\/\(.*\)$/\1\/*\2 *\//' sample.c
/* */
/* コメント行 */
/* */
#include <stdio.h>

int
main(int argc, char* argv[])
{
        /* コメント行 1 */
```

36

```
        /* コメント行 2 */
        if (argc == 1)
                /* コメント行 3 */
                printf("sed は簡単だ !!\n");
        else
                /* コメント行 4 */
                printf("sed は難しい !!\n");

        return 0;
}
%
```

　パターン文字列は\([ ]*\)\/\/\(.*\)$になる。紙面上ではわかり難いが、[ ]の中は" "（空白文字）とタブ文字が一文字ずつ入っている。C++言語のコメントの開始を表す//は、sedの区切りの/と重複するので、エスケープしている。

　置換文字列は\1\/*\2 *\/になる。\1および\2は、グループ化したパターンにマッチした文字列を使うための指定である。\2をC言語のコメントとして出力するため、前後を/*と*/で囲む。これらの/もエスケープする必要がある。

　なお、この例のようにエスケープする/が多すぎると、正規表現が読みにくくなる。このような場合は、区切り文字を/以外の文字にするとよいだろう。たとえば,を使うと、以下のように記述できる。

```
sed -e 's,\([ ]*\)//\(.*\)$,\1/*\2 */,' sample.c
```

2.9 awk

　awk[1]は、指定された入力を1行ずつ読み込み、パターンにマッチした行に対してある処理を実行する。基本的な使い方を以下に示す。

```
% awk 'program' filename
```

programは以下の形式で記述する。

```
pattern { action }
pattern { action }
...
```

　patternは正規表現で指定する。actionには、マッチした行を見つけたときに実行したい処理を記述する。

　actionに記述できる処理には、awkの組み込み関数（printf、substr、split等）の他、算術演算、条件分岐、繰り返し処理などがある。さらに、変数や連想配列を使うこともできる。

1　開発者である、エイホ、ワインバーガ、カーニハンの名前の頭文字をつなぎ合わせて命名された。

2.9.1 awkの使用例

awk を使って、/usr/local/bin に置かれているファイルの名前とサイズを一覧表示してみよう。

```
% ls -l /usr/local/bin | awk '/^-/ {printf "%s,%d n", $9, $5}'
VFlib2-config,2509
VFlib3-config,2827
a2p,122468
a2ps,27798
（省略）
zipinfo,126600
zipnote,31972
zipsplit,34100
%
```

printf 関数は、C 言語の標準ライブラリの printf 関数とほぼ同等の書式指定を受け付ける。awk が読み込んだ行は単語区切り文字（デフォルトでは空白）で区切られ、先頭から順に$n の一時変数に設定される。上記例では、"ls -l"の出力各行の 9 番目と 5 番目の単語をカンマで区切って出力している。

次の例は、ログの集計を行う awk スクリプトだ。/var/log/syslog に含まれる各行の先頭には、mm dd hh:MM:ss という書式でそのログが生成された日時が出力されている。ログの件数を日毎に集計するため、連想配列を使用している。

```
% cat count.awk
    { count[$1" "$2]+= 1 }
END { for (mmdd in count)
        printf "%s: %d\n", mmdd, count[mmdd]
    }
% awk -f count.awk /var/log/syslog
Mar 20: 2946
Mar 21: 3694
Mar 22: 667
%
```

awk に指定するスクリプトが長い場合は、あらかじめファイルに記述しておき、"-f"オプションでスクリプトファイルを指定して読み込ませることができる。変数 count は [] を使って配列として操作し、配列の要素指定に数値以外の文字列を使うことで、連想配列として扱っている。

2.10 アーカイバ

複数のファイルを1つにまとめ、さらに圧縮することでデータの保存や交換を便利に行うことができる。ここでは、UNIX で用いられる代表的なアーカイブツールと圧縮ツールについて説明しよう。

2.10.1 tar

UNIX に古くからあるアーカイブツールで、tape archiver の略称。元々はディスク上のファイルを選択的にテープ装置に保存するために用意されたものだが、テープ装置が使われなくなった現在でも、UNIX ではもっとも代表的なアーカイバとして使用されている。tar でまとめられたアーカイブファイル（tar ファイルと呼ばれることもある）には、伝統的にサフィックスとして".tar"がつけられる。

tar には、管理情報の格納形式としていくつかのバリエーションがあり、保存できる情報（たとえばファイルのパーミッション）などに微妙な差異がある。現在では POSIX 1003.1-2001 で規定された pax 仕様がもっとも使われている。形式の異なる tar ファイルは解釈できないことがあるため、注意する必要がある。

tar の代表的なオプションを以下に示す。

● 動作指定オプション

-**x**：アーカイブファイルを展開する。

-**t**：アーカイブファイルに含まれる内容を表示する。

-**c**：アーカイブファイルを作成する。

-**r**：アーカイブファイルに追記する。

● その他のオプション

-**f**：アーカイブファイル名を指定する。

-**Z**：アーカイブファイルが compress 圧縮されることを指定する。

-**z**：アーカイブファイルが gzip 圧縮されることを指定する。

-**X**：除外するファイル名の一覧を指定する。

-**p**：ファイル・ディレクトリのパーミッション情報を復元する。

なお、BSD と Ubuntu（GNU tar）では搭載されている tar の実装が異なっており、オプションの指定方法などに互換性がない。一度マニュアルなどを参照して、使い方を確認しておこう。

2.10.2 cpio

UNIX の標準アーカイブツールとして用意されたもので、"copy in and out"の略称。高機能であるが、操作が複雑なためユーザが直接扱うツールとしてはあまり利用されていない。しかし、RPM パッケージのアーカイブ形式や Linux の RAMDISK イメージのアーカイブ形式など、重要な箇所で利用されている。

2.10.3 compress

UNIX で古くから使用されている圧縮ツール。compress で圧縮されたファイルにはサフィックスとして".Z"がつけられる。LZW アルゴリズムを使用しているが、特許やライセンスの問題のため最近ではほとんど使用されない。近年の Linux では搭載されていないことも多い。

2.10.4 gzip

GNU プロジェクトで開発された圧縮ツールで、UNIX では現在もっとも広く使用されている。圧縮率は compress より高い。gzip で圧縮されたファイルにはサフィックスとして".gz"がつけられる。また tar でアーカイブされたものをさらに gzip で圧縮したファイル（tarball と呼ばれることもある）には、サフィックスとして".tar.gz"または".tgz"がつけられる。

2.10.5 bzip2

bzip2 は 2000 年頃から使われ始めた圧縮ツールで、現在でも広く使用されている。圧縮率は gzip よりよいが、処理速度が若干劣る。bzip2 で圧縮されたファイルにはサフィックスとして".bz2"がつけられる。また tar でアーカイブされたものをさらに bzip2 で圧縮したファイルには、サフィックスとして"tar.bz2"がつけられることが多い。

2.10.6 lzma

lzma は Windows および Linux で利用されている圧縮ツールで、gzip や bzip2 よりさらに圧縮率がよいが、処理速度はさらに遅い。Linux では xz というコマンド名で搭載されている場合もある。現在ではあまり一般的ではないが、高圧縮率が必要となる箇所で利用されつつある。

2.10.7 zip

zip は Windows で広く使用されているアーカイブ形式で、圧縮も同時に行うことができる。通常 UNIX や Linux で zip 形式を扱うことはあまりないが、Windows とのファイル交換などで使用するケースも多い。zip 形式でアーカイブされたファイルには、サフィックスとして".zip"がつけられる。

FreeBSD では展開・伸長を行う unzip コマンドのみが標準でインストールされている。アーカイブ・圧縮を行う zip コマンドは別途インストールする必要がある。ただし、FreeBSD に標準でインストールされている unzip は多国語対応版ではないため、別途多国語対応版を追加インストールしておいたほうがよいだろう。Ubuntu では zip, unzip ともに標準でインストールされている。

2.11 その他のコマンド

ここでは、その他のよく使うコマンドをいくつか紹介する。最初はテキストファイルを表示するコマンドである。

more
　テキストファイルの内容を一画面ごとに表示する。

less
　テキストファイルの内容を一画面ごとに表示する。前の画面に戻ったり、一行単位での前後の移動などができる、more の高機能版。現在では、FreeBSD でも Ubuntu でも、more と less の実体は同じである。

lv
　テキストファイルの内容を一画面ごとに表示する。more, less と同等の機能を持つが、さらに UTF-8 を含む多彩な文字コード変換機能も持つ。FreeBSD、Ubuntu ともに lv は標準ではインストールされていないため、利用するためには追加インストールする必要がある。

複数のファイルの差分を取るプログラムを紹介しておこう。diff と diff3 である。どちらもテキストファイルを対象としており、diff では 2 つのファイルの、diff3 では 3 つのファイルの差分を抽出できる。

抽出した差分は、patch コマンドで元のファイルに適用できる。ソースコードや設定ファイルなど、UNIX ではテキストファイルの差分を比較したり、相異点を他人に送付して適用してもらう場面が多い。ここで注意しておいてほしいのは、差分をメールで送る場合である。文字コードや改行コードがメーラソフトによって変換されて差分が壊れてしまう場合があるので、バイナリ形式で送るなどの工夫が必要になる。

41

第3章 テキストエディタ

3.1 基本のテキストエディタ

本項では、UNIX に必ず搭載されている基本テキストエディタとして、ed を紹介する。

3.1.1 ed

ed とは、行指向のテキストエディタである。行う操作についてのコマンドを発行し、行単位での編集を行う。ed を利用する機会は今となってはあまりないが、非常に小さなコマンドであり、UNIX 環境であれば必ずインストールされているため、非常時の最後の砦として利用されるケースがある。

ここでは、ed の簡単な利用方法を紹介する。

まずは、ed を起動してみよう。コマンドライン上で ed と入力する。起動した後にメッセージなどは表示されない。

```
$ ed
```

既存のファイルを開く場合は、ed コマンドの引数に開きたいファイル名を渡す。ed の引数にファイル名を渡した場合、ed 起動後に数値が表示される。これは、開いたファイルのバイト数を示している。

```
$ ed CHANGES
280503
```

最初に終了方法を確認しておこう。q と入力し、エンターを押す。これにより ed は終了する。

```
q
```

ed によるテキストの編集は、vi の ex コマンドを知っている方には理解しやすいかもしれない。基本的に以下の繰り返しだ。

1. ed のコマンド実行
2. 1 で実行したコマンドの結果を表示

43

第 3 章　テキストエディタ

コマンドは、以下のフォーマットで実行する。たとえば、5 から 7 行目を対象にコマンドを発行するのであれば、5,7n のようにコマンドを発行する。

```
[address[,address]]command[parameters]
```

したがって、上記の終了も同様に q というコマンドを実行していたわけだ。簡単な操作例を示す。以下のようなシェルのパス一覧を記載したファイルを例に取る。

```
% cat shells
/bin/csh
/bin/zsh
/bin/bash
/bin/sh
/bin/ksh
/bin/false
/bin/dash
```

ed で shells ファイルを読み込む。66 は shells ファイルのバイト数だ。

```
% ed shells
66
```

ed は行指向のエディタである。そのため、現在注目している行を内部で持っている。起動直後では、最終行に注目している。現在注目している行の内容は、. コマンドで確認できる。

```
.
/bin/dash
```

現在注目している行は、行番号を入力することで変更できる。3 行目に注目する場合、3 と入力する。

```
3
/bin/bash
.
/bin/bash
```

行指向なので、ファイル全体の表示はできないのかというと、そうではない。p コマンドを利用する。p コマンドは、指定範囲の行の内容を表示する。フォーマットは、「**開始行, 終了行 p**」である。終了行は、$で代替できる。よって、1,$p と入力するとファイルの内容をすべて表示できる。

```
1,$p
/bin/csh
/bin/zsh
/bin/bash
/bin/sh
/bin/ksh
/bin/false
/bin/dash
```

44

ファイルの内容の閲覧方法もわかったので、2 行目に/bin/tcsh を追加してみよう。行を追加するにはaコマンドを使う。2行目なので、1行目の次に追加するため1aを入力する。aコマンドを実行するとedは、input mode に入る。input mode ではすべてのコマンド入力は無効であり、ピリオド1つのみの行を入力すると input mode を終了する。したがって以下のように入力する。

```
1a
/bin/tcsh
.
```

以下のように、追加されていることを確認できる。

```
1,$p
/bin/csh
/bin/tcsh
/bin/zsh
/bin/bash
/bin/sh
/bin/ksh
/bin/false
/bin/dash
```

次は、/bin/false の行を削除してみよう。削除するには、d コマンドを利用する。/bin/false は7 行目なので、7d と入力する。

```
7d
1,$p
/bin/csh
/bin/tcsh
/bin/zsh
/bin/bash
/bin/sh
/bin/ksh
/bin/dash
```

追加と削除を確認したので、編集も確認しよう。さまざまな方法があるが、ここでは正規表現による置換を行う。「s/**正規表現**/**置換文字列**/g」を利用する。/bin/dash を/bin/ash に変更してみよう。7 行目を対象にコマンドを発行するので、7s/dash/ash/g のようなコマンドになる。

```
7s/dash/ash/g
1,$p
/bin/csh
/bin/tcsh
/bin/zsh
/bin/bash
/bin/sh
/bin/ksh
/bin/ash
```

第3章　テキストエディタ

最後に編集結果を保存して終了しよう。保存には w コマンドを使う。w コマンドを発行するとファイルのバイト数が表示される。

```
w
64
q
```

ed の基本的なコマンドを**表 3-1** に示す。

表 3-1　ed のコマンドの例

表記	説明
(.)a	指定した行の後に入力した行を追加する。
(.,.)c	指定した範囲の行を入力した内容と置き換える。
(.,.)d	指定した範囲の行を削除する。
(.)i	指定した行の前に入力した行を追加する。
(.,.+1)j	指定した範囲の行を連結して 1 行にする。
(.,.)n	指定した範囲の行を行番号付きで表示する。
(.,.)p	指定した範囲の行を表示する。
(.,.)s/re/replacement/g	指定した範囲の行で正規表現 re にマッチする行を replacement に置き換える。
(1,$)w file	指定範囲の行を file に書き出す。
u	最後に実行したコマンドを取り消す。
q	ed を終了する。

ed のコマンドは他にも多数存在する。詳しくは、ed のマニュアルや、GNU ed の場合は ed の info を参照していただきたい。

3.2 限定された環境でのファイル編集

われわれ UNIX エンジニアは、ときとしてテキストエディタさえも存在しない過酷な環境で作業をしなければならないことがある（たとえばファイルシステムを吹き飛ばしてしまったときや、組み込み環境など）。そんなときでも慌てずに、最低限の作業をできるようにする癖をつけておきたい。

3.2.1 echo

すでに説明したように、echo は、引数に与えた内容を標準出力に出力するコマンドである。このコマンドでも、シェルのリダイレクトなどをうまく使うことでファイルの作成や編集、閲覧ができる。

エディタとして利用するケースは非常に稀だが、たとえばシステムのアップグレード失敗等のような原因でシステムの/usr 以下を壊してしまい、エディタが利用できなくなった場合に緊急時の代替手段として利用する。

echo はシェルのビルトインコマンドであるため、シェルさえ利用できればあらゆる場面で利用が可能だ。ファイルの作成・追加共にシェルのリダイレクトを利用する。

ファイルの作成は以下のように行う。以下では、foo という内容を持つファイル XXX.txt が作成される。

```
% echo foo > XXX.txt
```

行の追加は以下のように行う。以下では、YYY.txt の末尾に bar という行を追加している。

```
% echo bar >> YYY.txt
```

echo だけで特定の設定ファイルの上書きを行う場合、>で対象とするファイルの既存の内容を消去して上書きを行い、>>で 1 行ずつ行を追加していくことで目的を達成できる。

また、シェルのビルトイン関数 read と併用することで、ファイルの閲覧も可能になる。以下のコマンドラインでは、ZZZ.txt の内容をすべて標準出力に出力する。echo、read、while のいずれもシェルのビルトインコマンドであるため、シェルさえ利用できればあらゆる場面で利用が可能である。

```
% while read line; do echo $line; done < ZZZ.txt
```

3.2.2 catやエディタを使わずにファイルの中身を見る

シェルのビルトインコマンドである echo と read と入力リダイレクションを次のように駆使すれば、ファイルの中身を見ることができる。

```
$ read -rd '' file <filename ; echo "$file"
```

read は標準入力から読み込み、内容を変数に保存するコマンドだ。そして次の echo でシェル変数を表示している。

3.2.3 catやエディタを使わずにファイルを作成する

シェルのビルトインコマンドと出力リダイレクションを用いて、空ファイルを生成することができる。

```
$ echo -n > filename
```

空でないファイルを生成する場合は、次のように echo の引数を指定する。

```
$ echo "hoge\npiyo" > foo
$ cat foo
hoge
piyo
```

3.2.4 lsを使わずにファイル一覧を見る

ls が存在しないときにファイル一覧を参照するには、echo の引数にワイルドカードを与える。シェルのファイル名展開機能を利用するのだ。

```
$ echo *
```

3.2.5 cpを使わずにファイルを複製する

cp が存在しないときにファイルを複製するには、cat に出力リダイレクションをする。つまり、次の2つのコマンドは等価である。

```
$ cp src dest
$ cat <src >dest
```

cat を使わずにファイルを表示する方法を応用すると、ファイルコピーは echo と read だけでも実現できる。

```
$ read -rd '' src <src ; echo "$src" >dest
```

3.3 ViとVim

3.3.1 Viとは

vi は BSD の開発者であるビル・ジョイによって開発された画面指向のエディタである。現在のほぼすべての UNIX に、初期状態でインストールされているため、普段のテキスト編集に他のエディタを使っている人であっても、vi の操作の基本は知っておくべきだ。

vi には vi クローンと呼ばれる互換エディタがいくつか存在し、vi コマンドを実行した際に実際に実行されるのは、クローンエディタであることが多い。たとえば FreeBSD では/usr/bin/vi の実体は nvi である。Ubuntu での/usr/bin/vi の実体は vim である。nvi はオリジナルの vi とほぼ同等の機能を持つ簡潔なエディタであるが、vim はさらに数々の拡張機能を備えた高機能なエディタになっている。

現存 vi を主なエディタとして常用する人は、実際には vim を用いていることが多いようである。このため、本書では vim の利用方法について述べる。

3.3.2 Vimとは

Vim は日本語の入力が可能なほか、外部プラグインを導入することでさまざまなアプリケーションを起動することができるテキストエディタだ。

Vim はコマンドラインから以下のように起動することができる。

```
$ vim
```

Vim は設定を~/.vim ファイルから起動時に読み込む。各自で~/.vim ファイルを変更することにより、Vim の動作をカスタマイズすることができる。

3.3.3 Vim の基本操作

Emacs とは異なり、Vim にはモードが存在し、ノーマルモードでカーソル移動や基本的な編集を、インサートモードで文字の挿入を行う。実際には、インサートモード中にもカーソルキーで移動することもできる。しかし、そもそも一般的なキーボードでは、カーソルキーを操作するためには指がホームポジションから離れるため、効率面で推奨できないし、いかにも素人的なので注意されたい。

ノーマルモードで i を入力するとインサートモード（挿入モード）へ遷移する。インサートモードでは、押されたキーがそのままファイルに入力される。通常のエディタでの入力とよく似ているモードである。

ノーマルモードで:を入力するとコマンドラインモード（ex モード）へと遷移し、シェルのようにコマンドを解釈することになる。Vim を終了するには、一度コマンドラインモードへ遷移し、:quit を入力して Enter または Return キーを押す必要がある。

なお、Vim の操作で複数のキーの連続した入力が必要な場合がある。たとえば、Control を押しながら w を押し、続けて c をタイプする場合、本書では<C-w>c と表記することにする。

表 3-2　ノーマルモードの代表的なキーバインド

キー	説明
j	上にカーソル移動
k	下にカーソル移動
l	右にカーソル移動
h	左にカーソル移動
0	行頭にカーソル移動
$	行末にカーソル移動
i	インサートモードへの遷移
:	コマンドラインモードへの遷移
x	カーソル位置の文字を削除
D	カーソル位置から行末までを削除
p	削除した文字列をペースト

第 3 章　テキストエディタ

yy	一行コピー
dd	一行削除
u	直前の操作を取り消す

表 3-3　コマンドラインモードの基本的なコマンド

キー	説明
:q[uit]	Vim の終了
:q[uit]!	Vim の強制終了
:w[rite] { ファイル名 }	ファイルへの保存
:e[dit] { ファイル名 }	ファイルの編集

3.3.4 Vimのチュートリアル

　Vim の使い方は Vim チュートリアルで実践的に学ぶことができる。シェル上で以下のコマンドを入力することで、Vim チュートリアルを始めることができる。日本語の環境ならば、チュートリアルは日本語化されているため、英語があまり得意でなくても安心だ。

```
$ vimtutor
```

3.3.5 Vimのヘルプ

　Vim には豊富なヘルプが標準で用意されている。Vim を使いこなすには、まず Vim のヘルプを自在に引けなければならない。それでは、実際に :help を引いてみることにしよう。今回は :edit コマンドについて詳細を調べることにする。次のコマンドを実行する。

```
:help :edit
```

　次のような説明用のウィンドウが表示されたはずだ。このウィンドウは help ウィンドウと言う。<C-w>c のキー操作もしくは :quit で閉じることができる。

```
:e[dit] [++opt] [+cmd]  Edit the current file.  This is useful to re-edit the
          current file, when it has been changed outside of Vim.
             This fails when changes have been made to the current
             buffer and 'autowriteall' isn't set or the file can't
             be written.
             Also see |++opt| and |+cmd|.
             {Vi: no ++opt}

:e[dit] [++opt] [+cmd] {file}
```

50

```
Edit {file}.
This fails when changes have been made to the current
buffer, unless 'hidden' is set or 'autowriteall' is
set and the file can be written.
Also see |++opt| and |+cmd|.
{Vi: no ++opt}
```

Vim のヘルプでは、解説文にいくつかの記号が使用されている。:e[dit] のように、[] で囲まれている部分は省略可能という意味である。この場合だと、 :edit は:e と省略することができ、[++opt] [+cmd] の部分も省略できるということがわかる。{file}という表記は、{}に囲まれた部分がコマンドの引数名を表す。この場合、引数に [] が付加されていないため、この引数は省略ができない。++opt の部分は他の項目へのリンクである。リンクには<C-]>というキー操作でジャンプすることができる。元の項目に戻るには<C-t>を押す。'autowriteall' とは、Vim の autowriteall オプションのことである。このオプションの項目にもリンクと同様、<C-]>でジャンプすることができる。

:help :edit を実行するときには、edit に:をつけるのを忘れないようにしてほしい。ただの:help edit で検索すると、他の項目にマッチしてしまう可能性がある。:をつけることで、コマンドを検索するという意味になる。同様に、オプションを検索するには、:help 'cpoptions' のようにする。キーマッピングの検索には:help CTRL-L のようにする。

:help の詳しい使い方は、:help help を参照するとよいだろう。

3.3.6 Vimと日本語入力

端末で Vim を使用する場合には、端末側が日本語入力に対応していれば日本語を入力することができる。最近の Linux 環境では、日本語入力には ibus を利用するのが一般的だろう。

端末の Vim で日本語を入力する場合、termencoding オプションを設定する必要がある。このオプションでは、キーボードから端末に入力するときや、Vim から端末へ出力する際のエンコーディング形式を指定する。このオプションが設定されていない場合は、文字化けを起こすかもしれない。

GUI の Vim（GVim）を使用する場合には、Vim 側が日本語入力を制御している。普通は特に設定しなくても、日本語入力中に<ESC>を押せば日本語入力はオフになるはずである。自動的にオフにならない場合、次の設定を試してみるとよい。

```
autocmd InsertLeave * set iminsert=0 imsearch=0
```

使っている日本語入力システムによっては、オプションや環境変数の設定が必要な場合があるが、環境に依存するので詳しい説明は避ける。

UNIX で Vim を使う場合に、日本語入力との協調動作がプラグインの誤動作を引き起こす恐れがある。これは古い日本語入力システムは協調動作のためのインターフェイスを備えていなかったため、Vim 側で無理矢理制御しているためである。ibus などの比較的問題を起こしにくい日本語入力システ

第3章 テキストエディタ

ムを用いることを推奨する。

　さらに別の方法として、日本語入力をプラグイン側に任せる方法がある。こちらの方法は環境に依存しないうえ、Vim 側での設定も簡単だ。ただし、Vim 上で日本語入力を行うプラグインは数が少ない。代表的なものは skk.vim だろう。

3.3.7 Vimとプログラミング

QuickFix

　Vim には QuickFix と呼ばれる機能がある。QuickFix とは、エラー結果や grep の結果が表示される専用のウィンドウ領域のことである。これは IDE によくみられる、ビルド結果が表示されるウィンドウに似ている。ただし QuickFix はビルド結果専用というわけではなく、grep の結果の表示などにも使用される。

　まずは:make における QuickFix の利用方法を見てみよう。:make とは、Vim でのビルドコマンドで、実行すると現在開いているソースファイルに対して、ファイルタイプに応じたビルド用コマンドが実行される。結果は QuickFix ウィンドウに出力される。

　QuickFix ウィンドウを開くには、:copen を実行する。QuickFix ウィンドウにはエラーを起こしたファイル名と行番号、エラーメッセージが一覧表示されている。ここで Enter キーを押すと、エラーを起こした行にジャンプする。なお、QuickFix ウィンドウは:cclose で閉じることができる。

　Vim は内部で grep を呼び出し、結果を QuickFix に表示する機能を備えている。Vim の grep には、「内部 grep」と「外部 grep」の二種類がある。

　内部 grep の実行には、:vimgrep コマンドを用いる。

```
:vimgrep /vim *.vim
```

　:vimgrep コマンドの構文は":vimgrep /{pattern}/{flag} {file} ..."となっている。{pattern}は検索するパターンを表し、上記例では "vim"である。{flag}は検索時の動作を制御するフラグで、上記例では省略されている。{file}には検索対象のファイルを複数指定でき、上記例のようにワイルドカードを使用することもできる。:vimgrep 実行後に:copen を実行すると、検索結果の一覧が表示される。

　外部 grep の実行には:grep コマンドを用いる。

```
:grep! vim *.vim
```

　:grep コマンドの構文は":grep {pattern} {file} ..."となっている。引数はシェルから実行する grep コマンドと同じである。:grep では最初に見つかった行に自動的に移動するが、:grep の代わりに :grep!を使用するとこの動作を抑制できる。:grep 実行後に:copen を実行すると、検索結果の一覧が表示される。

52

ハイライト

Vim は標準でシンタックスハイライトに対応している。シンタックスハイライトを有効にしていると、キーワードのタイプミスや構文ミスなどに気づくことができ、たいへん便利である。シンタックスハイライトは~/.vimrc に以下の指定を追加することで有効にできる。

```
syntax enable
```

Vim は数あるテキストエディタのなかでも、特にシンタックスハイライトのサポートが豊富である。C 言語や Java といった代表的なプログラミング言語だけでなく、awk やシェルスクリプト、Perl, Ruby, Python などのスクリプト言語、アセンブリ言語を含むさまざまなプログラミング言語、さらには UNIX の運用管理で必要となる各種の設定ファイル群までもサポートしている。

タグジャンプ

タグジャンプとは、編集中のファイルに含まれるキーワードの定義部分にジャンプする機能である。キーワードと、それが定義されているファイル名や位置の対応情報は「タグファイル」と呼ばれるファイルに格納される。

一般的にタグファイルは ctags コマンドを用いて以下のように生成する。

```
$ ctags -R
```

Vim は、デフォルトでカレントディレクトリにあるタグファイルを読み込む。タグファイルが認識できているかどうかを確認するには、:echo tagfiles() を実行するとよい。Vim がタグファイルを検索するときに使用するパスは'tags' オプションにより指定できる。

タグファイルを利用してキーワードの定義箇所にジャンプしたい場合は、キーワードにカーソルを合わせた上でノーマルモードで<C-]>を入力する。元に戻るときは<C-t>を入力すればよい。この操作は:help のときと同じである。

ジャンプ先の候補が複数ある場合、:cprevious と:cnext によりジャンプ先を切り替えることができる。

3.3.8 Vimと外部プラグイン

Vim は Emacs とは異なり、本体にプラグインはあまり同梱されていない。しかし、公式サイト上では多数のプラグインが公開されており、Vim にさまざまな機能を追加することができる。代表的なものとしては、次のようなプラグインがある。

netrw

Vim はファイルだけでなく、ローカルにあるディレクトリを開くことができる。これは Vim に標準で付属する netrw というプラグインの機能である。ディレクトリを開くためには、次のコマンドを実行する。

```
:edit ディレクトリ名
または
:Explorer ディレクトリ名
```

:Explorer は入力が面倒なため、:edit をそのまま使う人のほうが多いだろう。ディレクトリを開いたら、Enter を押すことでそのファイルを編集できる。

業務ではメールで圧縮ファイルが送られてくることがある。圧縮ファイルの中身を確認した上で、メールに返信しなければならない。そんなとき、いちいち解凍コマンドを実行するのは手間がかかる。netrw を使用すると、圧縮ファイルのをそのまま閲覧・参照することができる。

たとえば foo.zip がカレントディレクトリにあるとする。

```
:edit foo.zip
```

上記のコマンドを実行すると、ファイルブラウザが起動し、foo.zip に含まれるファイル一覧が表示される。さらに、ファイル名の上で Enter を入力すると、ファイルの中身を閲覧することができる。Vim は zip ファイルだけでなく、bzip2 や tar.gz などのファイルも扱うことができる。

netrw は"network reader writer"の略で、本来はリモートファイルをローカルの Vim 上で開くためのプラグインである。netrw でリモート（SSH 先）にあるファイルを開く場合、次のコマンドを実行する。

```
:edit scp://hostname/path/to/file
```

リモートのファイルを開く場合、ファイルのパスを URI 形式で指定する。スキーム部には"scp"を指定する。scp とは SSH によるリモートファイルコピーのことで、scp コマンドを用いてリモートのファイルにアクセスすることを表している。

"hostname"にはリモートのホスト名を、"path/to/file"には編集対象ファイルのパスを指定する。netrw はリモートのディレクトリも編集対象とすることができる。"path/to/file"の末尾が'/' の場合、ディレクトリが編集対象となる。

netrw を用いて編集を行ったリモートファイルは、通常のファイルと同様に:w コマンドにより保存することができる。

3.3.9 Vimのカスタマイズについて

Vim は~/.vimrc に設定を記述することでカスタマイズ可能である。比較的新しい Vim では、~/.vimrc の代わりに~/.vim/vimrc が使用されることもある。

これらの設定ファイルは、Vim の起動時に一度だけ読み込まれる。設定ファイルの内容を変更した場合は Vim を再起動するか、:source $MYVIMRC を実行して設定ファイルの再読み込みを行う必要がある。

Vim の設定はすべて Vim script という言語で記述する。Vim script は、':' を入力した後に指定できる ex コマンドの拡張として実装されている。これまで紹介してきた:quit などの記述も、Vim script の一種である。

たとえば、ignorecase というオプションを設定する場合は、~/.vimrc に以下のように記述する。

```
set ignorecase
```

Vim script の仕様は膨大なので、ここで詳しく説明することはしない。Vim のカスタマイズや Vim script に興味があるならば、:help vim-script-intro を参照するとよいだろう。

3.4 Emacs

本節では、テキストエディタ Emacs について説明をする。Emacs は、すべての操作がキーボードで完結できる高機能なエディタだ。マウスももちろん利用できるが、キーボードで操作したほうがより効率的に作業を行うことができる。できる限りキーボードから操作するようにしよう。

なお、本項で対象とする Emacs は GNU Emacs で、バージョンは、24.2 とする。XEmacs やその他の emacsen[1]はカバーしない。

3.4.1 Emacsとは

Emacs は、非常に多くの機能を持つカスタマイズ可能なテキストエディタである。Emacs という名前は、Editor Macros の略であり、1976 年に TECO というエディタのために書かれたマクロセットに由来している。現在の Emacs は、大きな特徴として、内部に Emacs Lisp という Lisp 方言のプログラミング言語を内包しており、テキストエディタとしての機能のほとんどを Emacs Lisp 言語で実装している。このため、Emacs Lisp 言語でその機能のほとんどをカスタマイズ・拡張できる。

Emacs は、標準で以下の機能を持つ。

---

1 Emacs 派生のエディタを総称して emacsen と呼ぶ。

- ソースコード等の色付け（シンタックスハイライト）のサポート
- 完全なユニコードサポート
- Emacs Lisp 言語による高度なカスタマイズ機能
- ビルトインでのドキュメント機能
- デバッガインターフェイスやメーラー、カレンダー等のさまざまな拡張機能

3.4.2 Emacsの基本操作

Emacs の基本的な操作方法について説明する。

起動と終了

まずは、Emacs を起動してみよう。Emacs がインストールされているマシン上で、Emacs のアイコンをクリックするか、端末エミュレータを起動し、その上で以下のように「emacs」とタイプする。

```
% emacs
```

Emacs は、GUI 環境でも、GUI の無い端末エミュレータ上でも起動できる。GUI 環境であれば、図3-1 に示す GUI のインターフェイスが起動する。

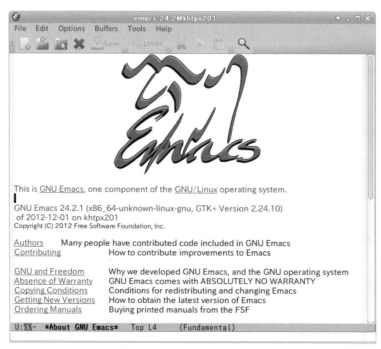

図 3-1　Emacs 起動直後の画面

最初に終了する方法を確認しておこう。Emacsはその操作をすべてキーボードから行うことができる。終了もキーボードから行うことができる。終了するには、Control キーを押したまま x キーを押し、x キーを離した後に、Control キーを押したまま c キーを押す。この「コントロールキーを押したまま○○キーを押す」という操作をEmacsでは、**表3-4**にあるように略記する。

表3-4 キー操作の省略表記

表記	説明
C-○	Control キーを押したまま○キーを押す。
M-○	Meta キーを押したまま○キーを押す（Meta キーは Alt キーで代用可能）。

たとえば、先程のEmacsを終了する操作であれば、C-x C-cと表記する。また、Control キーと Meta キー両方を組み合わせる操作、たとえば、Control キーと Meta キーを押しながら n を押すという操作であれば、C-M-nと表記する。

チュートリアル

Emacsには極めて親切なチュートリアルが付属している。Emacsをはじめて使うという人であれば、まずはこのチュートリアルをやってみよう。チュートリアルを起動するには、C-h tと押す。**図3-2**に示すチュートリアルが起動する。

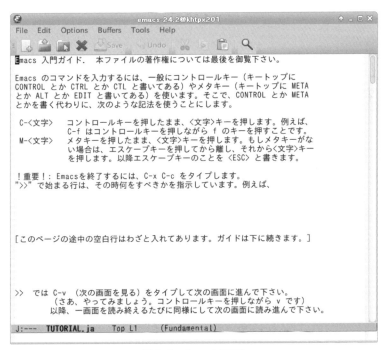

図3-2 チュートリアル

第 3 章　テキストエディタ

　もし C-h を他のキーに変更している環境であったならば、F1 キー、もしくは、M-x help で代用することができる（以降、C-h は、F1 もしくは、M-x help で代用可能）。たとえば、M-x help t と入力することでもチュートリアルを起動できる。チュートリアルは、日本語環境で Emacs を起動した場合、日本語で表示される。日本語で表示されない場合は、C-u C-h t Japanese と入力すると日本語のチュートリアルが起動する[2]。

　チュートリアルにも記載があるが、**表 3-5** に Emacs の極々基本的なコマンドについて掲載しておく。

表 3-5　Emacs の基本コマンド

キー割り当て	説明
C-f	カーソルを右に移動する。
C-b	カーソルを左に移動する。
C-n	カーソルを下に移動する。
C-p	カーソルを上に移動する。
C-a	カーソルを行頭に移動する。
C-e	カーソルを行末に移動する。
C-d	カーソル位置の文字を削除する。
C-k	カーソル位置から行末まで削除する。
C-SPC	選択を開始する。
M-w	選択範囲をコピーする。
C-w	選択範囲を切り取る（コピーした後削除）。
C-y	コピーした内容を貼り付ける。
C-g	現在実行中のコマンドを中止する。
C-x u	直前の操作を取り消す (undo)。
C-x C-s	ファイルを保存する。
C-x C-w	ファイルに名前をつけて保存する。
C-x C-f	ファイルを開く。
C-x C-c	Emacs を終了する。
M-x コマンド	コマンドを実行する。

ヘルプ機能

　Emacs は、多彩なヘルプ機能を持っている。ヘルプ機能は、標準で C-h から始まるキーに割り当てられている。**表 3-6** に主要なヘルプ機能のキー一覧を示す。

表 3-6　主要ヘルプ機能一覧

キー割り当て	説明
C-h t	チュートリアルを起動する。
C-h k	入力したキーが何をするコマンド（関数）なのか説明を表示する。

2　日本語以外のチュートリアルも付属している。英語がよいという方は、C-u C-h t English と入力すると英語のチュートリアルが起動する。

58

C-h b	現在のキー割り当て一覧を表示する。
C-h f	入力したコマンド（関数）の説明を表示する。
C-h v	入力した変数の説明を表示する。
C-h i	Info を表示する。

　一例として、M-q で実行されるコマンドを見てみよう。M-q を押すと、桁数 70 文字程度で改行するように、段落が整形される。

　この M-q というキーの実体が何というコマンドであるかの説明を見るには、C-h k M-q と入力する。その結果、fill-subsubsection であることがわかる。逆に fill-subsubsection がどのようなコマンドであるかを忘れたときは、C-h f fill-subsubsection と入力することでキー割り当てとその説明を見ることができる。また、70 文字程度で折り返す 70 文字という値は、fill-column という変数に設定されている。この fill-column の説明を見る場合、C-h v fill-column と入力する。

　ヘルプには他にもキーが割り当てられている。ヘルプのヘルプを見る場合、C-h C-h と入力する。Emacs でヘルプを参照する場合、基本的に C-h を利用する。C-x というキーからはじまるキー一覧を見たい場合も、C-x C-h と入力することで、C-x からはじまるキー割り当ての一覧を見ることができる。

Info

　GNU プロジェクトのドキュメントは、Info という形式で記述されている。Emacs のドキュメントも Info 形式で記述されている。Info を起動するには、C-h i と入力する。C-h i を押すと、閲覧可能なドキュメントの一覧が表示される。Emacs のマニュアルを表示するには、C-h i m Emacs と入力する。すると**図 3-3** に示す画面に遷移する。

　Info の画面における主要なキー割り当て一覧を**表 3-7** に示す。

表 3-7　主要な Info のキー割り当て

キー割り当て	説明
q	Info を終了する。
Enter	カーソル近くのノードへ移動する（ブラウザのリンククリックに相当する）。
n	次のノードに移動する。たとえば、1 章を見ていたならば、2 章へと移動する。
p	前のノードに移動する。たとえば、2 章を見ていたならば、1 章へと移動する。
l	履歴の 1 つ前のノードに戻る（直前に参照していたノードへ戻る）。
r	履歴の 1 つ先のノードに進む。
u	1 つ上の階層に移動する。

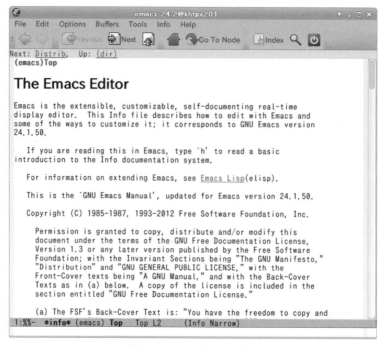

図 3-3　Emacs のマニュアル

3.4.3 Emacsと日本語入力

　Emacs から日本語を入力する場合、システムが持つ日本語入力方式（ibus-anthy など）を利用することもできるが、ここでは Emacs 内部で完結した入力方式について説明する。

　かつての UNIX では、日本語入力方式としてサーバクライアント方式を用いるものが多かった。負荷の高い仮名漢字変換処理を計算能力のあるサーバに集約する方式である。現在では、デスクトップ機の性能向上もあり Emacs から外部プロセスを直接呼び出す方式や、サーバクライアント型であってもローカルホスト上で変換サーバを動作させるのが一般的である。

　Emacs では、ウィンドウシステムが持っている日本語入力機構を使うこともできるが、Emacs 自体がフロントエンドとなり日本語入力を処理する方式のほうが一般的である。

kkc

　Emacs には標準で日本語を入力する機能 KKC （KanaKanji Converter）が備えられている。KKC はシンプルで簡単に利用できる変換器を持っている。この変換器は、次節で説明する SKK 辞書を独自の形式に変換した辞書を使用する。辞書のデータも Emacs の配布パッケージに含まれているため、インストール直後の状態でも利用することが可能だ。

　KKC を利用するには、C-\ を入力する。C-\ は入力メソッドを切り替えるコマンドだが、Emacs を日本語環境で起動したのであれば、標準で KKC が起動する。**表 3-8** に KKC のキー割り当てを示す。

表 3-8　KKC のキー割り当て一覧

キー	説明
Enter	確定
Delete	1 文字消去
Backspace	前 1 文字消去
C-i	文節を 1 文字縮める。
C-o	文節を 1 文字伸ばす。
C-f	次の文節に移動する。
Space	変換する。
C-n	次の変換候補にする。
C-p	前の変換候補にする。

　KKC は最低限の機能しか持たず、現代の日本語入力メソッドと比較すると見劣りするが、Emacs さえインストールされていれば、どのような環境でも日本語入力を行うことができる。知っておくと、もしものときに役に立つかもしれない。

ddskk

　DDSKK（Daredevil SKK）とは、SKK（Simple Kana to Kanji conversion program）という日本語入力プログラムの 1 種だ。ここでは SKK について概要のみを説明する。

　SKK は、ローマ字入力による日本語入力を行うが、変換は単語毎に行い、文法は考慮しない。SKK には以下の特徴がある。

- 辞書登録が簡単
- 変換を文ではなく単語毎に行うため、口語や方言等についても効率的に入力・漢字変換が行える

　また、DDSKK は、Emacs Lisp で記載されているので、Emacs との親和性も非常に高いという特徴がある。

　SKK で日本語入力をする場合、かなモード/カナモード/ASCII モード/▽モードという 4 つの入力モードを切り替えて入力を行う。かなモードではひらがなの直接入力を行う。たとえば、「a」と打てば、「あ」と直接入力される。カナモードではカタカナの直接入力を行う。「a」と打てば「ア」が入力される。ASCII モードではアルファベットや記号の直接入力を行う。「a」と打てば"a"が入力される。

　▽モードで漢字入力をするには、変換したい語句の先頭の文字だけを大文字で入力し、単語の終わりでスペースキーを押す。たとえば、「かな漢字変換」という語句を入力する場合、以下のように入力する。SPC はスペースキーの入力を RET はリターンキーの入力をそれぞれ示す。

入力：k a n a K a n j i SPC H e n k a n SPC RET
出力：かな漢字変換

送り仮名がある語句を入力する場合は、通常どおり最初の文字を大文字で入力し、送り仮名が開始する場所の文字も大文字で入力する。たとえば、「歩く」という語句ならば以下のようになる。

入力：A r u K u SPC RET
出力：歩く

次の変換候補に移動するには、スペースキーをもう一度押す。変換候補は SKK 辞書と呼ばれる独自形式の辞書ファイルを検索して表示される。スペースキーを押しても希望の変換候補が見つからない場合、最終的に辞書登録へ移行する。この動作により、自然と辞書登録を行えるようになっている。

DSKK は Emacs の配布パッケージには含まれていないので、以下の URL よりソフトウェアをダウンロードしてインストールする必要がある。詳しい使用方法を記載したマニュアルも同様にダウンロード可能だ。

http://openlab.ring.gr.jp/skk/index-j.html

3.4.4 Emacsでプログラミング

Emacs でプログラミングを行う方法について説明する。例として、C 言語を対象とする。

シンタックスハイライト

Emacs で C 言語のソースファイル（.c ファイル）を開くと、標準でキーワードが色付けされて表示される。キーワードを色付けして表示することで、ソースコードが見やすくなり、かつ、キーワードの入力ミスを減らすことができる。

図 3-4 は、eglibc のソースファイルを開いた例だ。

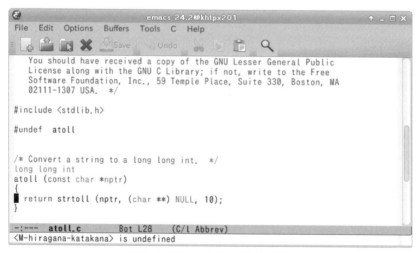

図 3-4　シンタックスハイライトの例

C言語だけでなく、Awk/シェルスクリプト/Perl/Ruby/Python等、さまざまなプログラミング言語をサポートしている。

タグジャンプ

Emacsには、etagsというプログラムが付属している。このプログラムを用いてタグファイルTAGSを作成することで、関数の定義場所へ飛ぶタグジャンプという機能が利用できるようになる。

.cファイルと.hファイルを対象にTAGSファイルを作成する場合、以下のように入力する。

```
% etags *.[ch]
```

実行すると、カレントディレクトリにTAGSというファイルが作成される。この例は、カレントディレクトリのファイルのみを対象としているので、サブディレクトリも含めたい場合は、findと組み合わせて利用するとよいだろう。

Emacsからタグジャンプを行うには、M-.とM-*を利用する。M-.でカーソル位置の文字を対象にその定義元にジャンプする。たとえば、カーソル位置にfooという文字列があったとしよう。fooという関数が定義されていれば、その定義箇所にジャンプする。なお、はじめてM-.を実行する場合、TAGSファイルの所在を聞かれるので、事前に作成したTAGSファイルの場所を入力する。M-*では、ジャンプする前の場所に戻る。

まとめると**表3-9**のようになる。

表3-9　タグジャンプに関するキーバインド

表記	説明
M-.	カーソル下の文字列を対象に定義場所にジャンプする。
M-*	ジャンプ前の場所に戻る。

マニュアル参照

libcのinfoファイルがシステムにインストール済であれば、Emacsからそれを参照することができる。

マニュアルを参照したい関数の位置でC-h Sと入力すると、その関数のマニュアルを見ることができる。**図3-5**では、strtollのマニュアルを参照している。

補完

TAGSファイルとlibcのinfoファイルは、単語の補完機能にも利用される。

TAGSファイルは、開発中のソースコードで定義されている関数やCプリプロセッサシンボル（#defineで定義されたシンボル）の補完で、libcのinfoファイルは標準C言語関数名や変数名の補

63

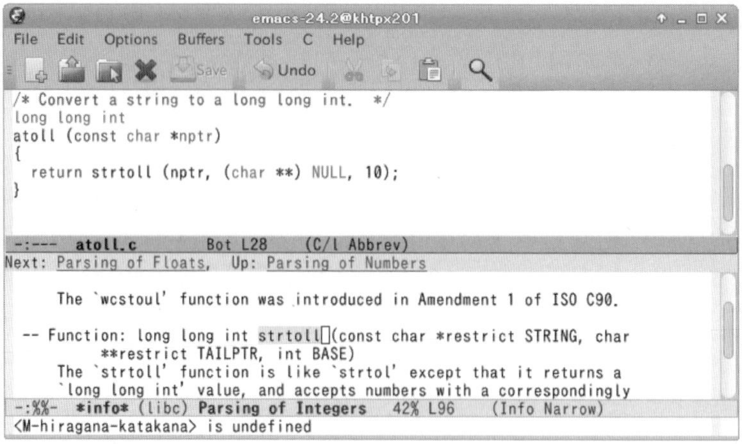

第 3 章 テキストエディタ

図 3-5 stroll のマニュアル参照の例

完で参照される。

　TAGS ファイルによる補完を行うには、C-M-i を使用する。たとえば、開発中のソースコードに get_buffer_size() と generate_buffer_size() という関数が定義されており、TAGS ファイルが作成されているとしよう。"get" まで入力した後に C-M-i を入力すると、"get_buffer_size" に補完される。なお、TAGS ファイルは事前に読み込んでおく必要がある。M-x visit-tags-file コマンドにより読み込むことができる。

　libc の info ファイルによる補完を行うには、C-u C-M-i を使用する。たとえば "fp" まで入力した後に C-u C-M-i を入力すると、"fp" で始まる関数名や変数名の一覧が表示される（**図 3-6**）。さらに "fpr" まで入力した後に C-u C-M-i を入力すると、"fprintf" に補完される。

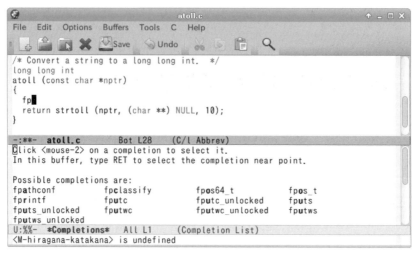

図 3-6　info による補完の例

3.4.5 さらなる一歩

ここではさらなる一歩として、Emacs の上級の使い方を紹介する。

emacsclient

Emacs には emacsclient というプログラムが附属している。emacsclient を使うと、動作中の Emacs に外部から接続して編集操作を継続することができる。

たとえば、ホスト A 上で Emacs を使ってファイルを編集中で、編集内容をまだ保存していないとしよう。外部のホスト B からホスト A に ssh などで接続できれば、そこで emacsclient を起動して編集中の Emacs に接続し、編集作業を継続することができる。保存していない編集内容を保存したり、破棄して新たに編集することも可能だ。

emacsclient を利用するには、動作中の Emacs で M-x server-start を実行しておく必要がある。3.4.6 項で紹介する Emacs の設定ファイル~/.emacs.d/init.el に以下の行を追加しておくとよいだろう。

```
(server-start)
```

emacsclient を使って GUI で編集作業を継続するには、以下のように "-c"オプションを使用する。

```
% emacsclient -c ファイル名
```

外部から ssh などでリモート接続を行っている場合は、"-nw"オプションを使用して CUI で編集作業を継続することもできる。

```
% emacsclient -nw ファイル名
```

また、Emacs を起動する際に"--daemon"オプションをつけると、Emacs をデーモン化（編集用画面を持たない完全なサーバモード）して起動することができる。デーモン化した Emacs には emacsclient を利用して接続し、編集作業を行うことになる。

```
% emacs --daemon
```

Tramp

Emacs には Tramp という機能があり、リモートホストにあるファイルや、編集に root 権限が必要となるファイルを透過的に編集することができる。

たとえば、ssh で接続可能なホスト A 上のファイル~/draft.txt を編集したいとしよう。Emacs から以下のように操作することで、あたかもローカルホスト上のファイルを編集しているかのように扱うことができる。

```
C-x C-f /ssh:ユーザ名@ホストA:~/draft.txt
```

このとき、Emacs は ssh コマンドを内部的に起動しているだけなので、ホスト名やユーザ名は ssh コマンドに指定するものと同じでよい。~/.ssh/config に指定されているホスト名でも問題はない。また、ホスト A 上に Emacs が搭載されていなくても問題はない。

Tramp では ssh コマンドの代わりに sudo コマンドを用いることで、編集に root 権限が必要となるファイルも透過的に編集することができる。

```
C-x C-f /sudo::/etc/hosts
```

上記のように操作することで、一般ユーザの権限で動作している Emacs から、編集に root 権限が必要なファイルを透過的に扱うことができる。

なお、ssh, sudo ともにパスワードの入力は必要である。

パッケージ追加

Emacs には、ユーザが作成した数多くの追加パッケージがある。それらの一部は Emacs に組み込まれているパッケージマネージャからインストールすることが可能だ。

M-x list-packages を実行すると、図 3-7 に示すようなパッケージマネージャが起動する。パッケージマネージャで利用可能なキー割り当てを表 3-10 に示しておく。

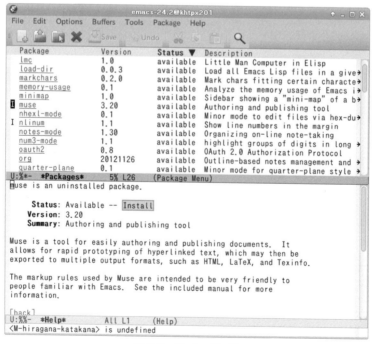

図 3-7　パッケージ一覧

"i"キーでインストールしたいパッケージを、"d"キーで削除したいパッケージをマークし、"x"キーでインストール/削除を実行する。

表 3-10　list-package で利用できる主要なキー操作

表記	説明
Enter	現在行のパッケージの説明を表示する。
i	現在行のパッケージをインストール候補としてマークをつける。
d	現在行のパッケージをアンインストール候補としてマークをつける。
u	現在行につけたマークを消す。
U	更新のあるパッケージにマークをつける。
x	実際にインストール/アンインストールを実行する。
q	list-packages を終了する。

3.4.6 カスタマイズ

Emacs は設定ファイル ~/.emacs.d/init.el にその設定を記述することで、挙動をカスタマイズできる。~/.emacs.d/init.el の代わりに、~/.emacs や~/.emacs.el ファイルも利用できる。これらの設定ファイルは Emacs の起動時に一度だけ読み込まれる。そのため、設定ファイルの内容を変更した場合は、Emacs を再起動する必要がある。

設定はすべて Emacs Lisp という言語で記述する。たとえば fill-column という変数の値を 80 に設定する場合は、以下のように記述する。

```
(setq fill-column 80)
```

Emacs Lisp では、変数に値を設定するには setq 関数を使用する。上記例は fill-column 変数に 80 を設定するという意味になる。

パッケージマネージャの一覧に現れないパッケージを追加したい場合、パッケージのファイルを置いたディレクトリを load-path という変数に登録する必要がある。load-path は、Emacs Lisp で記述されたファイルの検索パスという意味を持っている。

たとえば~/.emacs.d/site-lisp ディレクトリを load-path に追加したい場合、以下のように記述する。

```
(add-to-list 'load-path "~/.emacs.d/site-lisp")
```

上記例は add-to-list 関数を呼び出し、load-path 変数（内部的にはリストとして管理されている）に~/.emacs.d/site-lisp を追加するという意味になる。

個々のパッケージのインストール方法や設定方法については、パッケージごとの説明を参照していただきたい。また、カスタマイズ方法や Emacs Lisp 言語の詳細については、以下の info に詳しい説明がある。

第 3 章　テキストエディタ

- Emacs Lisp Intro（C-h i m Emacs Lisp Intro）
- Emacs Lisp マニュアル（C-h i m ELisp）

第4章 作業の自動化（シェルスクリプト）

4.1 シェルスクリプトによる作業自動化の必要性と利点

　これまでさまざまな UNIX コマンドやシェル環境について説明してきたが、これらのコマンド群をあらかじめテキストファイルに記述し、そのテキストファイルをシェル上で実行することでバッチ処理を行うことができる。

　この、バッチ処理を行うためにテキストファイルに記述した一連のコマンド群のことを「シェルスクリプト」と呼ぶ。

　シェルスクリプトを活用することには、以下のようなメリットがある。

- 繰り返し行われる定型的な作業を自動化できる。
- 短時間で大量の処理を行うことができる。
- オペレーション時のケアレスミスが起きにくくなる。
- 処理の再利用が可能になる。

　手作業で繰り返しコマンドを入力していると、手入力すること自体に時間がかかってしまうし、コマンドの投入順をまちがったり、誤った文字列を入力してしまったりなどのオペレーションミスを起こす可能性もでてくる（ミスを起こせばまた余計に時間を取られてしまう）。

　入力しようとしているコマンドをシェルスクリプトとしてファイルに記述してしまえば、作業全体の見通しがよくなるためコマンドの投入順や誤入力などのオペレーションミスを防ぎやすくなり、ファイルを実行するだけで一連のコマンドを手で入力したのと同じ効果を得られる。もちろん、作業時間の短縮にもつながる。

　しかしながら、同時に以下のようなデメリットもある。

- 誤ったシェルスクリプトを記述してしまった場合、想定外の処理が短時間で繰り返し大量に行われ、重大な事故を引き起こす可能性がある。

第 4 章　作業の自動化（シェルスクリプト）

　シェルスクリプトを用いれば、定型的な処理を短時間で大量に繰り返し実行できる。このことは作業の大幅な効率化をもたらす。反面、シェルスクリプトに不具合があった場合、誤った処理が短時間で大量に繰り返し実行されることになる。

　これにより、想定外のファイルやディレクトリを削除してしまったり、無限ループ発生や大量またはサイズの大きいファイル生成により CPU やメモリ、ディスク領域などの計算機資源を枯渇させてしまうなど、重大な事故を引き起こしてしまう場合がある。

　実際にそのような事故が発生し、ニュースで報道されるまでの大問題に発展した例もある。

　シェルスクリプトを作成した場合、その記述内容を十分に確認すること、実行しても安全な状態でのテストとデバッグを行うこと、そして適切に実行し運用することが必要不可欠である。

4.2 Bourne shell について

　作成したシェルスクリプトを実行するためには、当然のことながらシェルが必要になる。csh でも ksh でも zsh でもシェルスクリプトは書けるが、一般的には Bourne Shell を使うことが多い。

　Bourne Shell は、UNIX 系と言われているたいていの OS 上で使用することができる（もっとも、実際にインストールされているシェルは Bourne shell そのものではなく、Bourne shell と上位互換性を持つシェルである可能性がある）。

　また、Bourne shell はシェル自体のサイズが小さく動作も高速なため、組み込み機器などリソースが限定された環境でも使用できる可能性がある。機能が若干貧弱だがその分覚えることも少なく、また Bourne shell 以外のより高機能なシェルも Bourne shell と似ているものが多いため、基礎として Bourne shell を覚えることはたいへん有用である。

　ここでは Bourne shell によるシェルスクリプトの作成と作業の自動化について説明する。

　なお、これから行う Bourne shell の説明では、Bourne shell の仕様のすべては述べず、作業の自動化を行うにあたり最低限知っていてほしいことを説明する。より深く Bourne shell について理解したい場合には、後述する参考文献を当たるとよいだろう。

4.3 簡単なスクリプトの作成と実行

　Bourne shell を理解していくに当たり、まずはシンプルなシェルスクリプトを作成してみよう。

　次に示すスクリプトは、UNIX の /etc/passwd ファイルから Bourne shell を使用しているユーザを抽出し、そのユーザのリストと人数をファイルに書き出すものだ。

　このスクリプトと同等のことをコマンドラインからの手入力により実行することはできる。しかし、同じコマンドを（たとえば一週間ごとに）定期的に実行する必要がある場合、毎回手入力で実行するよりも手順をスクリプト化してしまったほうが、効率もよいし誤りが混入することもない。

最初に、適切なエディタを使用してファイルを作成し、スクリプトを入力して保存する（仮にファイル名を example001.sh とする）。

```
#! /bin/sh
# example001: システム上で Bourne shell を使っているユーザのリストと
#             その数を取得する。

cat /etc/passwd | grep '/bin/sh' | cut -f1 -d":" > bsh_user_list.txt
wc -l bsh_user_list.txt | sed -e "s/^ *\([0-9][0-9]*\) .*/Total: \1/" >> bsh_user_list.txt
```

先頭の行から順に説明していく。1 行目の#! /bin/sh の記述は shebang（シェバン、シバン）と呼ばれるものだ。詳細は後述するが、シェルスクリプトを実行するときに使用するプログラムをフルパスで指定する。

作成したシェルスクリプトを実行するには、2 通りの方法がある。

1 つ目は、スクリプトを記述したファイルに実行権限を割り当て、ファイルを直接実行する方法だ。たとえば、スクリプトを記述したファイルの作成者のみが実行できるようにする場合は、以下のようにする。作成者以外にもスクリプトを使用させたい場合は、適宜 chmod のオプションを変更すればよい。

```
$ chmod u+x example001.sh    # ファイルオーナーに実行権を付与
$ ./example001.sh            # スクリプトを実行
$ cat bsh_user_list.txt      # 取得したリストを確認
www
sshd
backup
Total: 3
$
```

スクリプトファイルを実行すると、ファイルの 1 行目に記述した shebang がシステムによって解釈された後に展開が行われ、実際にコマンドラインで/bin/sh example001.sh の内容を入力した場合とほぼ同等にコマンドが実行される。

2 つ目は Bourne shell を起動するコマンド sh を使用して、以下のように sh の引数にスクリプトを記述したファイルを直接指定して実行する方法だ。

```
$ sh example001.sh           # sh の引数にファイルを指定
$ cat bsh_user_list.txt      # 取得したリストを確認
www
sshd
backup
Total: 3
$
```

2 つ目の方法でスクリプトを実行した場合、ファイルの 1 行目に記述した shebang は単なるコメントとして扱われ、無視される。また、この方法ではスクリプトを記述したファイルに実行権を付与す

第4章　作業の自動化（シェルスクリプト）

る必要はない。

　ただし、システムによってスクリプトの実行のされかたが異なる場合があるので、注意しておく必要がある。

　なお、スクリプトを記述する上で以下の注意点がある。

文字コードと改行コードをスクリプトを実行するシステムに合わせよう。

　スクリプトを実行するシステムの設定に合わせる。文字コードが合わないと、出力が文字化けする。改行コードが合わないと、行末が正しく判断されなくなり、スクリプトが適切に実行されない可能性がある。

シェルのコマンドが実際にインストールされている場所を確認しよう。

　システムによってコマンドのインストールされている場所が異なっている可能性がある。Bourne shell の場合は、たいていは/bin/sh だが、他のシェルの場合/usr/bin や/usr/local/bin などの可能性もある。whereis や find などで事前に確認しておいたほうが無難だ。

4.4 シェルスクリプトの実用例

　ここでは、いくつか実用的なシェルスクリプトの例を紹介していきたい。最初は、bind というプログラム（名前サービスデーモン）の動作を監視し、bind が動作していなかったら起動するというプログラムである。このプログラムを cron を用いて定期的に起動し、bind がサービス停止に陥っていないかを監視する。

```
#! /bin/sh

export PATH=/sbin:/bin:/usr/sbin:/usr/bin

CAT='/bin/cat'
KILL='/bin/kill'
PS='/bin/ps'
RM='/bin/rm'
SLEEP='/bin/sleep'

DIG='/usr/bin/dig'
EGREP='/usr/bin/egrep'
RNDC='/usr/sbin/rndc'

NAMED_RCSCRIPT='/etc/rc.d/named'
NAMED_PID='${CAT} /var/run/named/named.pid'
```

72

```
TMP="/tmp/chknamed.$$"

${DIG} @localhost www.soum.co.jp. >$TMP 2>&1
if [ $? -ne 0 ]; then
    echo 'named is denial-of-service.'
    echo ''
    ${CAT} ${TMP}

    echo ''
    ${PS} auwx | ${EGREP} '^(USER|named)'

    echo ''
    ${RNDC} status
    ${RNDC} stats

    echo ''
    ${KILL} -KILL ${NAMED_PID}
    ${SLEEP} 1
    ${NAMED_RCSCRIPT} start

    echo ''
    ${DIG} @localhost www.soum.co.jp.
fi

${RM} ${TMP}
```

次に示すのは、ネットワークインターフェイスの動作を監視して、以前のIPアドレスから変化があったら指定したメールアドレス（以下の例ではuser@example.co.jp）にメールを送信するスクリプトである。FreeBSDでipfilterを使っている場合を想定している。

```
#!/bin/sh

IF=tun0
DIR=/tmp
FILE=ipaddr
PREV="0.0.0.0"
MAILTO="user@example.co.jp"
MAILFROM="admin@example.co.jp"
RETURNPATH="<retuen path>"
SUBJECT="message from ifcheck.sh"


if [ -r ${DIR}/${FILE} ]
then
  PREV=`cat ${DIR}/${FILE}`
fi
```

第4章 作業の自動化（シェルスクリプト）

```
NOW=`ifconfig ${IF} | egrep "inet .* netmask .*" | cut -f 2 -d " "`
if [ ${NOW} = "0.0.0.0" ]
then
  /etc/rc.d/netif restart
  /etc/rc.d/ipfilter restart
  /etc/rc.d/ipnat restart

  sleep 30

  # once more
  NOW=`ifconfig ${IF} | egrep "inet .* netmask .*" | cut -f 2 -d " "`
fi


if [ "${NOW}" != "${PREV}" ]
then
  echo ${NOW} > ${DIR}/${FILE}
  mail -s "${SUBJECT}" ${MAILTO} -f"${MAILFROM}" -r"${RETURNPATH}" \
      < ${DIR}/${FILE}
fi
```

第5章 オンラインマニュアル

本節では、UNIX系OSにおけるオンラインマニュアルについて説明する。ここでいうオンラインマニュアルとは、OSやソフトウェアなどに付属するドキュメントで、コマンドラインから閲覧することができるmanやinfoを指す。

なお、manコマンド自身の説明内容に準じてオンラインと表記しているが、ネットワーク接続などは必要としない。

5.1 オンラインマニュアルを必要とする場面

昨今ではインターネットで情報収集することができるし、メジャーな内容については書籍が出版されているケースもある。読みやすさ・情報量・サンプルの豊富さなどの点で、オンラインマニュアルよりも優れている場合もある。

しかし、仕事として客先に出向き、セットアップや動作確認、あるいは不具合調査を行うケースを考えてみていただきたい。セキュリティ的な観点により、外部とのネットワーク接続を明確に禁じられているケースも多々あるし、参考書籍を片手に作業しているようでは顧客に心配をかけることになる。

このようなケースを乗り切るためにも最低限必要となるのが、オンラインマニュアルを使いこなす知識だ。

オンラインマニュアルは、熟練者になったら必要なくなるのかというと、そんなことはない。熟練者だからこそ、ケアレスミスを防ぐためにマニュアルを頻繁に参照するものだ。むしろ、すこしUNIXに慣れてきた中級者が、マニュアルを確認せずにミスをすることが多いように思う。常に確認する癖をつけてほしい。コマンドの引数、設定ファイルの値、関数の引数や返り値の意味、デーモンプログラムの起動オプションなど、変更可能なパラメータは多岐多数に渡るのである。

第 5 章　オンラインマニュアル

5.2 氾濫する情報の危険性

　本題に入る前に、インターネットや書籍などで得られる情報の危険性について触れておく。

　世の中にはさまざまなコンピュータがあり、インストールされている OS やプログラム、それらのバージョンなども多岐に渡る。同名のプログラムでありながら設定の違いやプラグインの有無で動作が変わったり、場合によるとハードウェア構成の違いで挙動が異なるような場合もある。

　留意してほしいのは、インターネットや書籍などで得られる情報は「特定の環境でのみ正しい情報である場合がほとんどだ」という点だ。言い換えると、得られた情報に従っても、あなたが操作する環境で同じ挙動になるとは限らない、ということである。さらに言うと、元から情報が誤っている可能性もあるし、悪意を持って故意にまちがった情報が流布される危険性も考えられる。

　以下に 1 つ、例を挙げる。

　あるプログラムを開発しているケースを想定する。このプログラムを起動すると fork システムコールによって複数の子プロセス・孫プロセスが生成されるのだが、開発中のため、すべてを停止させる機能が未実装である。手作業ですべてのプロセスを停止させるのは手間がかかるため、何か便利に使える手段がないかを探してみたところ、killall というコマンドが利用できるという情報を得た。

　killall コマンドの説明として下記にように、オンラインマニュアルの引用とともに実行例が例示されていた。

　killall は指定したコマンドを実行しているすべてのプロセスにシグナルを送る。シグナルの指定がなければ SIGTERM を送る。

開発中のプロセスすべてを強制終了する実行例

```
% killall -KILL target_command
```

「便利そうだ、試してみよう」と思ったあなた、ちょっと待っていただきたい。本当に実施してだいじょうぶだろうか?

　上記の killall コマンドの説明と例示は、Linux では正しい情報である。しかし、Solaris など UNIX System V 系では（本書の対象 OS からは外れるが、業務では Solaris などを使う機会は多いだろう）以下の説明になる。

　killall はすべてのアクティブなプロセスにシグナルを送る。シグナルの指定がなければ SIGTERM を送る。

　UNIX System V 系での killall はシャットダウン処理で使用されるコマンドであり、シャットダウン処理に関係のない残存プロセスを残らず停止させるために使用される。

76

一般ユーザ権限で実施する分には危険性は低いが、開発中のプログラムの操作に管理者権限を使うようなケースでは、安易に実行するとシステムに意図しない被害を与えてしまうことになる。

このように、得られた情報を鵜呑みにしてしまうことはたいへんに危険だ。自分が操作する環境に対して、得た情報が適用できるか否かを確認することは必須であり、オンラインマニュアルはその手段の1つとしても有益である。

なお、これは本書に記載された内容についても言えることだ。なるべく環境に依存しないように心掛けて記述しているが、絶対ではない。書かれている内容が環境によって（特に新しい環境ほど）異なっている可能性がある点に留意していただきたい。

5.3 manコマンド

man コマンドは名前のとおりオンラインマニュアルを表示するコマンドであり、UNIX が誕生した1970 年代から現在に至るまで、長く使われている。一部の GUI アプリケーションなどには man が付属していない場合もあるが、コマンドラインで使用できるアプリケーションの大半には付属している。

なお、「man」はオンラインマニュアルを表示する CUI アプリケーションの名称だが、「man コマンドで表示されるオンラインマニュアル」を指して使われるケースが多々ある。たとえば、foo というコマンドを話題としているときに「man を参照」と書かれている場合、「man foo を実行して表示されるオンラインマニュアルを参照」と解釈する（本書でも多用している）。

5.3.1 manのman

man コマンド自身にもオンラインマニュアルがある。まずはコマンドラインから man man を実行していただきたい。下記のように、man コマンドのマニュアルが表示される。

```
% man man
man(1)

NAME
        man - format and display the on-line manual pages

SYNOPSIS
            :
            :
```

表示される具体的な内容は、OS・ディストリビューションやバージョンなどの環境によって異なる場合がある。使い方は SYNOPSIS/形式に記載されており、ここに記載されている引数やオプションの意味については DESCRIPTION/機能説明や OPTIONS/オプションに記載されている。

5.3.2 操作方法

manコマンドには、コンテンツの閲覧操作を行う機能は含まれておらず、ページャと呼ばれる別プログラムを利用する仕組みになっている。デフォルトページャは環境によって異なり、またページャを任意に変更することも可能であるため、画一的な操作方法というものは存在しない。

多くの環境でデフォルトページャとして使われているmoreやlessでは、以下の操作を知っていれば最低限の操作はできる。

SPACE 1ページ分読み進める。
q ページャを終了する。
h ページャのヘルプ画面（操作方法）を表示する。

利便性を高めるにはページャの使い方を習得していることが望ましいので、ページャのmanを読んでおくことを推奨する。デフォルトページャが何であるかは、manのmanに記載されている。

5.3.3 実行オプション

manコマンドの基本的なオプションなどについて説明する。

ここで記載していない機能についてはmanの内容を参照していただきたい（前述したとおり、「man manで表示されるオンラインマニュアルの内容を参照」という意味だ）。

●ページャ

ページャとは1画面では表示しきれない分量の文書を1画面分ずつ表示するツールの総称である。指定しなくてもデフォルトページャが使用されるが、好みのページャを使いたい場合や、なんらかの理由で正常に表示できないような場合には、使用するページャを指定することができる（昔、デフォルトページャとして使われていたmoreはページを戻せない点が不便だったので、ページを戻せるページャlessに切り替えるのが定石だった。現在はデフォルトのままで十分な場合がほとんどだと思われる）。

ページャを指定するには、環境変数のPAGERに使用するページャを設定する。ページャにPATHが通っていない場合には、フルパスで指定する必要がある。

csh系

```
% setenv PAGER less
% man man
```

あるいは

```
% setenv PAGER /home/foobar/bin/myPager
% man man
```

Bourne Shell 系

```
$ export PAGER=less
$ man man
```

あるいは

```
$ export PAGER=/home/foobar/bin/myPager
$ man man
```

環境によっては、man コマンドを実行する際に-P オプションで指定できる場合もある。

```
% man -P less man
```

● 言語

標準では man は英語で記述されている。日本語で書かれた man が利用できるケースもあるが、英語版に記述されている内容が日本語版には記述されていなかったり、わかりにくい訳になっている場合もある。日本語を表示できない環境や日本語版マニュアルがインストールされていない環境も多々あるので、マニュアルくらいは読めるだけの英語力を身につけることを強く推奨する。どうしても日本語版のマニュアルを表示したい場合は、ロケール（言語設定）の環境変数を設定してみるとよい。たとえば、日本語で UTF-8 で表示させる場合、以下のように環境変数 LANG を設定する。

csh 系

```
% setenv LANG ja_JP.UTF-8
% man man
```

Bourne Shell 系

```
$ export LANG=ja_JP.UTF-8
$ man man
```

逆に日本語で表示されてしまうマニュアルを英語表示にしたい場合は、環境変数 LANG に C を設定する。

csh 系

```
% setenv LANG C
% man man
```

Bourne Shell 系

```
$ export LANG=C
$ man man
```

第 5 章　オンラインマニュアル

● 検索パス

オンラインマニュアルのコンテンツは、付属するアプリケーションと共にインストールされる。
アプリケーションが OS の標準パス（/usr など）にインストールされている場合、man も標準の
検索パスに含まれるので特に気にする必要はない。

なんらかのアプリケーションを標準パスでないパスにインストールした場合、付属する man も標
準の検索パスとは異なる場所にインストールされるため、man コマンドを実行しても該当マニュ
アルが存在しない旨のエラーが発生する。これを解消するには man の検索パスを設定する。

具体的には環境変数 MANPATH を設定する。

csh 系

```
% setenv MANPATH /usr/local/share/man
% man my_application
```

Bourne Shell 系

```
$ export MANPATH=/usr/local/share/man
$ man my_application
```

あるいは、man コマンドの-M オプションで指定することもできる。

```
% man -M /usr/local/share/man my_command
```

一般的なアプリケーションでは、コンパイルする前にインストールパスなどと共にマニュアルの
インストールパスを設定する。ここで設定したパスをマニュアルの検索パスに設定する。複数の
パスを設定する場合にはコロンで連結して設定する。

csh 系

```
% setenv MANPATH /usr/local/share/man:/home/foobar/share/man
```

Bourne Shell 系

```
$ export MANPATH=/usr/local/share/man:/home/foobar/share/man
```

あるいは

```
% man -M /usr/local/share/man:/home/foobar/share/man my_command
```

5.3.4 セクション

man のコンテンツは、その種別によってセクションに分けて管理されている。

表5-1 man のセクション

セクション番号	内容
1	一般コマンド
2	システムコール
3	ライブラリ関数
4	デバイスなどの特殊ファイルとデバイスドライバ
5	ファイル形式とその使用法
6	ゲームとスクリーンセーバー
7	その他
8	システム管理コマンドとデーモンなど

同名のマニュアルが複数のセクションに存在する場合には、セクションを指定する必要がある。man コマンドの第2引数で指定する環境と、-s オプションで指定する環境がある。

セクション 1 の printf のマニュアルを表示する場合

```
% man 1 printf
```

あるいは

```
% man -s 1 printf
```

ところで、コマンドなどを指し示す場合に printf(1) のような形式で表記する場合がある。このような表記で括弧内に書かれているのは man のセクションだ。printf(1) の場合、セクション1の printf となるので、/usr/bin/printf コマンドを指すことになる。C言語の printf 関数を指す場合はライブラリに属するので、printf(3) と表記する（環境によっては printf(3C) となる場合もある）。「man を参照」と言った場合に「man foo で表示されるオンラインマニュアルを参照」という意味となるのは前述したとおりだ。同様に「man -s S foo で表示されるオンラインマニュアルを参照」という意味で「foo(S) を参照」という表現が使われる場合がある。「printf 関数の使い方については printf(3) を参照」といった表現になる。

また、man の末尾付近には SEE ALSO/関連項目があり、参照した項目に関連する他のマニュアルがセクション名付きでリストされている。同名のマニュアルが別のセクションにも存在する場合にもリストされるので、参照したいマニュアルのセクションがわからない場合には参考になる。

なお、セクションの名称や分類は、環境によって微妙に異なる場合がある。セクション名の一覧とそれぞれの内容については、man(1) に説明があるので一読しておくことを推奨する。

5.3.5 キーワード検索

　マニュアルを参照したいけれど対象の名称がわからない、といったケースもあるだろう。このような場合、man コマンドの-k オプションを使用することで、キーワード検索を行うことができる。

```
% man -k keyword
apropos    apropos (1)  - locate commands by keyword lookup
ckkeywd    ckkeywd (1)  - prompts for and validates a keyword
whatis     whatis (1)   - display a one-line summary about a keyword
```

　-k オプションでの検索範囲は、マニュアルコンテンツの NAME/名前に記載されている、極めて短く説明した文だけだ。このため、適切なキーワードに思い至らない場合にうまく見つけられないことがある。

　キーワードが短い場合、逆に合致する数が膨大になってしまう場合がある。たとえば man を検索キーワードとした場合、command という単語に man が含まれるなどの理由で、膨大な数の検索結果になってしまう。

　キーワード検索をうまく使いこなすコツは、日頃から man を使い、オンラインマニュアルで使われている単語や表現に慣れ親しんでおくことだ。ちなみに、日本語でのキーワード検索は成功しないと考えておいたほうが無難である。

　なお、環境によっては、キーワード検索を試みると windex ファイルが存在しないというエラーが発生したり、マニュアルはインストールしてあるのに検索結果に出てこないという場合がある。このような環境では、キーワード検索を行うための前準備が必要になる。詳細については catman(1M) を参照していただきたい。

5.4 infoコマンド

　info コマンドは man コマンドと同様にオンラインマニュアルを表示するコマンドで、1980 年代に開発された。man よりも新しいこともあって優れている点も多いが、操作性に少し癖があり、慣れないうちは使いにくいかもしれない。

　info には、以下のような特色がある。

● 多層構造のコンテンツ

　man では参照したコンテンツが一括で出力されるが、info では、コンテンツが章立てされた多層構造となっているケースが多い。調べたい項目を目次から選択して内容を読み、必要であればさらに詳細項目を選択して読み進める、といった操作が可能であるため、大規模なマニュアルから特定の情報を調べるようなケースではとても便利だ。

● 比較的充実したコンテンツ

一概には言えないが、man よりも info のコンテンツのほうが充実している傾向がある。ソフトウェアによっては、man には起動オプションなどの最低限の内容だけが記載されており、info には詳細な内容が説明されている、といったケースもある。

● Emacs 風の操作

man ではページ送りができれば十分だったが、info では、前述したような項目選択やページ間移動といった操作が必要になる。Emacs に似た操作形態なので、Emacs に慣れている人は馴染みやすいだろう。

● GUI での操作

info のコンテンツを GUI で表示できるツールもある。たとえば、GUI モードで起動した Emacs から info を呼び出した場合、（環境にもよるが）Emacs の GUI モードを継承した GUI モードの info となり、項目選択などがマウスでも行えるようになる。

info の操作は複雑なので、本書では細かい説明はしない。info を起動して ? を入力するとヘルプ画面が表示されるので、操作方法を参照していただきたい。

5.5 ヘルプメッセージ

ここまで man や info でのオンラインマニュアルの参照について述べてきたが、オンラインマニュアルが付属していない場合もある。

そのような場合、コマンド類であればヘルプメッセージを参照することで、最低限の使い方を確認できる場合がある。ヘルプメッセージを表示するには、コマンドの実行オプションとして--help を指定してみるとよい。

```
% target_command --help
```

--help が正しいオプションではないコマンドも多いが、その場合でも（--help が不正なオプションである旨とともに）ヘルプメッセージが表示され、目的を達成できるケースがほとんどだ。

ヘルプメッセージは、情報量としてはオンラインマニュアルよりも少ないが、簡潔にまとめられた情報を得られる手段でもある。慣れてくると、コマンドの使い方は知っているけれどちょっと確認しておきたい、といった場面でオンラインマニュアルよりも手軽な手段として便利である。

第6章 セキュリティ

6.1 UNIXにおけるセキュリティ

「UNIXにおけるセキュリティ」の多くの部分は、マルチユーザ環境におけるユーザごとの権限管理で実現されている。これには、管理者権限（root、すなわち特権ユーザ権限）と一般ユーザ権限の分離、一般ユーザ間での権限管理によるアクセス制御の2つの観点がある。

ユーザ権限の分離によってアクセス制御できる項目には、以下のものがある。

- ファイルの読み書き・実行・ディレクトリの参照
- （TCP、UDPの）特権ポートの利用

UNIXは歴史的にリソースをファイルシステムに割り当ててきた。ネットワークを利用するソケットAPIは、例外的にファイルシステム上にマップされていない（UNIXドメインソケットを除く）。これは純粋に、ソケットAPIが設計実装された当時のハードウェアの性能不足が原因である。このことから、ファイルへのアクセスとネットワークAPIの利用に関して、ユーザごとのアクセス制限が実現できれば、UNIXが管理するリソースのアクセス管理が実現できることになる。

ファイルの権限管理は、古典的なパーミッションとACLによって行う。

ファイルには持ち主となるユーザ（オーナー）とグループIDが割り当てられる。オーナー、グループ、持ち主以外のユーザに対して、3種類のパーミッションが設定可能である。3種類は同時に設定可能である。

- 読み込み可不可属性
- 書き込み可不可属性
- 実行可不可属性（ディレクトリの場合は、そのディレクトリを経由したファイルアクセスの可否）

chmodコマンドを用いたパーミッションの設定方法については、第2章にて述べた。

第 6 章　セキュリティ

近年のファイルシステムでは、より細かなアクセス制御の仕組みとして、ACL（Access Control List）が実装されている。

ACL では、オーナー（またはグループ）に対して、アクセス可否の指定を個別に設定できる。このため、特定のユーザとだけファイルを共有したい場合（たとえば、特定のメンバーとだけレポート課題のファイルを共有したい場合）に有用である。

ACL は OS によって微妙に実装が異なる場合があるため、詳細な設定方法については、getfacl コマンド、setfacl コマンドなどのマニュアルを参照していただきたい。

6.2 ルート権限の獲得方法

UNIX では、直接コンソールを操作する場合を除き、通常一般ユーザでログインする。SSH でリモートログインする場合、ルートユーザでのログインが禁止されている運用がほとんどである。

ルート権限での作業が必要な場合、一般ユーザでログインした後に、ルートユーザへの切り替えを行う。以下では、ルートユーザへの切り替え手順として、su コマンドと sudo コマンドを紹介する。

6.2.1 suコマンド

su（Substitute User）コマンドは、任意のユーザ権限でシェル（またはプログラム）を実行するコマンドである。引数が省略された場合は、ルート権限でルートのシェルを実行する。この時にルートのパスワードの入力が求められる。su コマンドの引数として-を与えると、元のユーザの環境（環境変数やカレントディレクトリなど）を引き継がない。引数としてユーザ名を与えると、そのユーザ権限でシェルを立ち上げる。

以下は実行例である。

```
% cd /tmp/
% pwd
/tmp
% su
Password:（ルートのパスワードを入力）
# pwd
/tmp

% su -
Password:（ルートのパスワードを入力）
# pwd
/root
```

6.2.2 sudoコマンド

sudoコマンドは、Ubuntuでは標準でインストールされているが、FreeBSDでは追加インストールが必要になる。Ubuntuではルートのパスワードが無効になっており、suは実質用いずに、sudoコマンドを用いてルート権限を得る。

sudoは一般ユーザのパスワードを入力し、他のユーザの権限を得るコマンドである。無論、そのようなことが好き勝手にできてしまっては困るため、sudoコマンドはその挙動を細かく設定できる。

設定はsudoersファイルに記述されており、sudoersファイルを編集するコマンドがvisudoである。ファイルを直接編集することもできるが、複数のシステム管理者がいる場合の排他制御などが行われるため、visudoコマンドを使う癖をつけておいたほうがよい。

sudoコマンドは引数に実行するコマンドを指定する。コマンドを実行するユーザ名は-1オプションで指定する。細かく管理された環境では、ユーザごとに「どのユーザ権限で」「どのコマンドを」実行可能かが制限されている。

任意のコマンドの実行が許されている場合は、シェルを実行することもできる。

```
% sudo bash
[sudo] password for kimoto: （自分のパスワード）
#
```

しかしこの方法では、ルート権限で実行したコマンドの詳細がログに残らないため、通常は避けることが望ましい。

6.3 共通鍵暗号と公開鍵暗号

ここからは、データ本体のセキュリティについて、暗号化アプリケーションの利用方法を述べる。最初に述べるのが、情報の暗号化の方式である。大きく分けて、共通鍵暗号方式と公開鍵暗号方式とがある。

共通鍵暗号は、暗号化と復号化とが同じ鍵（共通鍵）を使って処理を行う。一般的なパスワードによる暗号化はこの方式を使っていることが多い。共通鍵暗号のアルゴリズムには、DES、3DES（トリプルデスと読む）、AESなどがある。

インターネットを経由する通信では、双方が暗号化・復号化に用いる共通鍵をどのように一致させるかという問題が発生する。このため、メールの暗号化やリモート端末通信の暗号化には、公開鍵暗号という方式が用いられる。公開鍵暗号のアルゴリズムには、RSAなどがある。

公開鍵暗号方式については、アルゴリズムレベルから、応用技術、PKI（Public Key Infrastructure）として運用する際の技術などさまざまな書籍が出ているため、詳細は他書を参考にされたい。ここでは基本的な考え方のみを述べておく。

87

公開鍵暗号方式では、ユーザひとりにつき「公開鍵」「秘密鍵」のペアを持つ。公開鍵はインターネット上に公開する鍵で、秘密鍵は手元に置いて他人に見られないようにする。通常秘密鍵は共通鍵暗号を用いて（ユーザしか知らないパスフレーズを適用して）暗号化しておく。

鍵を垂直にさした状態が解錠、左右に90度回転できるけれど、どちらもロックされた状態になる鍵穴を想像してもらいたい。秘密鍵は右だけに回せる鍵とし、公開鍵は左だけに回せる鍵とする（図6-1）。

図6-1　鍵ペア

AさんがBさんにメッセージを送る時に、Bさんだけが読めるように暗号化する時のことを考える。しかし、ふたりが共通して持っている秘密のパスワードは存在しない。その時に登場するのが、先の鍵穴と2つの鍵だ。

Aさんはメッセージを鍵穴のついた箱にいれ、Bさんの公開鍵で鍵を左に回して施錠する（Bさんの公開鍵で暗号化する）。その箱を受け取ったBさんは、自分の秘密鍵で鍵を右に回して開錠する（Bさんの秘密鍵で復号化する）（図6-2）。公開鍵はだれでも手に入るが、秘密鍵はBさんしか持っていない。したがって、この箱を開錠できるのはBさんだけである。ふたりの間に事前に共有しておくべき秘密の情報は必要ない。これが公開鍵暗号方式の基本的な考え方である。

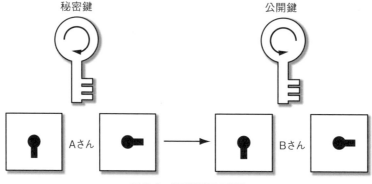

図6-2　公開鍵暗号の処理

6.4 SSHの応用

6.4.1 SSH公開鍵認証

公開鍵認証を使えば、パスワード認証の場合よりも安全な認証が可能になる。

最初に秘密鍵のパスフレーズを決める。通常、「パスフレーズ」といった場合には、長い文字列が求められる。UNIX パスワードと異なるものにし、10 文字以上の長い文字列を用いるべきである。このパスフレーズは秘密鍵を解くためだけに用いるもので、ネットワーク上を流れることはない。

次に公開鍵と秘密鍵の鍵ペアを生成する。その際に、上記で決めたパスフレーズを使って秘密鍵を暗号化する。通信時の認証に用いる公開鍵暗号方式は、dsa、ecdsa、rsa を選択できる。接続先サーバで利用可能な暗号方式を選択する。

以下は、ssh-keygen コマンドを用いて ecdsa の鍵ペアを作成する例だ。「Enter file in which to save the key」の部分では、単にエンターキーを押す。「Enter same passphrase again」の部分で、決めておいたパスフレーズを入力してから、エンターキーを押す。

```
% ssh-keygen -t ecdsa
Generating public/private ecdsa key pair.
Enter file in which to save the key (/home/user/.ssh/id_ecdsa):
Enter passphrase (empty for no passphrase):
Enter same passphrase again:
Your identification has been saved in /home/user/.ssh/id_ecdsa.
Your public key has been saved in /home/user/.ssh/id_ecdsa.pub.
The key fingerprint is:
da:0a:a5:b8:86:70:fc:c5:df:ba:25:46:f3:94:81:45 user@example
The key's randomart image is:
+--[ECDSA  256]---+
|          .E     |
|           o     |
|          . .    |
|             o   |
| .    .. S o     |
% chmod 0700 ~/.ssh
% ls .ssh/
authorized_keys  id_ecdsa  id_ecdsa.pub  known_hosts
```

次に、公開鍵をサーバに登録する。ファイル名が id_[**暗号化方式**].pub のものが公開鍵である。末尾に.pub が付いていないファイルは秘密鍵である。秘密鍵は先ほどのパスフレーズで暗号化されてはいるが、他人に盗まれないようにする。

以下は、自分で操作できない場合は、サーバ管理者に公開鍵の登録作業をしてもらうことになる。まず、接続先ホストの自分のホームディレクトリに.ssh ディレクトリが無い場合は、作成する必要がある。

第 6 章　セキュリティ

```
% cd ユーザのホームディレクトリ
% mkdir .ssh
% chmod 0700 .ssh
```

　接続先ホストの~/.ssh/authorized_keys ファイルに、公開鍵を追加する。ここで、>>で追記して
いることに注意していただきたい。誤って>にすると上書きになってしまう。

```
% cd ユーザのホームディレクトリ
% cat id_ecdsa.pub >> .ssh/authorized_keys
```

6.4.2 ssh-agent

　実際に利用する場面において、毎回長いパスフレーズを入力する手順はわずらわしいし、誤って暗
号化されていない経路上にパスフレーズを流してしまうミスの可能性なども高くなる。ssh-agent を
利用すれば、最初に一度だけ秘密鍵のパスフレーズを入力し、ssh コマンド実行時のパスフレーズ入
力を省略することができる。

```
% eval `ssh-agent`
% ssh-add
```

　ssh-agent を起動すると、エージェントのプロセス ID や通信方式などの環境情報が出力されるの
で、それを eval を用いて環境変数に反映させる。この時、シェルの種類は ssh-agent によって自動
判別されるので気にしなくてよい。
　ssh-add コマンドを実行すると、パスフレーズが求められ、入力するとエージェントへの登録が完
了する。この後、シェルを exit しない限り、パスフレーズ入力無しで、ssh コマンドや後述の scp コ
マンドを利用できる。
　Ubuntu のデスクトップ環境では、ssh-agent は最初から起動しているので、ssh-add だけを実行す
ればよい。

6.4.3 scp

　SSH による通信経路を使って、ファイルをコピーできる。

リモート側のファイルを手元にコピーする場合

```
% scp ホスト名:パス名 手元のパス名
```

手元のファイルをリモート側にコピーする場合

```
% scp 手元のパス名 ホスト名:パス名
```

　-r オプションを使うことにより、ディレクトリごとコピーすることもできる。詳しくは scp のマ

ニュアルを参照していただきたい。

その他に sftp コマンドもある。ftp コマンドと同様の操作でファイル転送を行うことができる。詳しくは sftp のマニュアルを参照していただきたい。

6.4.4 ssh_config設定ファイル

~/.ssh/config ファイルを作成し、各種設定をすることができる。詳しくは ssh_config のマニュアルを参照していただきたい。

たとえば、以下のような設定がある。

Host

ホスト名に別名をつけることができる。次に Host の設定をするまで、以下のような設定項目は、そのホストに対する設定という意味になる。

ssh コマンドのホスト名指定の代わりに、ここで指定した名前を指定すれば、HostName で指定したホスト名を短く略したりするだけでなく、たとえば、以下の User 設定をしておくことにより、ユーザ名を省略することができる。

HostName

接続先ホスト名を指定する。

User

ユーザ名を指定する。

Port

接続先 SSH サーバのポート番号を指定する。

例として、以下のような内容を~/.ssh/config ファイルに記述する。

```
Host host1
HostName host1.example.co.jp
User testuser
Port 2222
```

ここで ssh host1 を実行すると、「host1.example.co.jp の」「ポート番号 2222 に接続し」「testuser というユーザ名でログインする」処理が実行される。

6.4.5 SSHによるポート転送

セキュリティの範疇からは外れるが、SSH の便利な使い方であるポート転送（ポートフォワード）について、ここで言及しておきたい。

SSH により暗号化された通信路に、別の接続を乗せることができる。これを SSH ポートフォワー

第6章　セキュリティ

ディングまたは、SSHトンネルなどと呼ぶ。例として、extra-server.example.co.jpにSSHログインし、intra-server.example.co.jpにアクセスするケースを想定してみよう。ホスト名から想像できるように、社外にあるホストから公開サーバにSSHログインし、社内サーバにアクセスすることを想定している。このためには以下を実行する。

```
% ssh -L8000:intra-server.example.co.jp:80 extra-server.example.co.jp
```

　-Lがローカルからリモートへのポート転送を行うオプションである。この例では、ローカルホストの8000番ポートに接続すると、extra-server.example.co.jpを経由して、intra-server.example.co.jpの80番ポートに中継される。

6.5 PGPによる暗号化、電子署名

電子メールを暗号化する方式としては、以下がある。

- PGP（Pretty Good Privacy）
- S/MIME（Secure MIME）
- PEM（Privacy Enhanced E-mail）

　このうち、PEMは現在では使われておらず、S/MIMEはPKI（公開鍵基盤）を前提としているため、ある程度限定された範囲のメール交換ではPGPが用いられることが多い。

　当初フリーソフトウェアとして公開されたPGPの仕様は、標準化されてOpenPGPになった。OpenPGPの実装の1つであり、現在もっとも広く使われているものがGPG（GNU Privacy Guard）である。GPGを用いると電子メールだけでなく、ファイルに対する暗号化や電子署名も可能である。

　PGPは「信頼できる友達が信頼している人は信頼できる」という、信頼の輪のモデルに基づいている。友達各自それぞれ公開鍵と秘密鍵を作成し、公開鍵をお互い交換し署名しあうことで、安心かつ安全な暗号化や電子署名を行うことができる。

　相手の公開鍵を使ってデータを暗号化することで、秘密にデータを受け渡しできる。

　自分の秘密鍵を使ってデータに電子署名を行うことで、データが改ざんされていないことを証明する。

6.5.1 鍵ペアの作成

　自分の公開鍵と秘密鍵を作成する。

　秘密鍵自体は暗号化されるので、SSHの秘密鍵と同様にパスフレーズを設定する。

```
% gpg --gen-key
gpg (GnuPG) 1.4.11; Copyright (C) 2010 Free oftware Foundation, Inc.
This is free software: you are free to change and redistribute it.
There is NO WARRANTY, to the extent permitted by law.


gpg: directory '/home/ユーザ名/.gnupg' created
gpg: new configuration file '/home/ユーザ名/.gnupg/gpg.conf' created
gpg: WARNING: options in '/home/ユーザ名/.gnupg/gpg.conf' are not yet active during this run
gpg: keyring '/home/ユーザ名/.gnupg/secring.gpg' created
gpg: keyring '/home/ユーザ名/.gnupg/pubring.gpg' created
Please select what kind of key you want:
   (1) RSA and RSA (default)
   (2) DSA and Elgamal
   (3) DSA (sign only)
   (4) RSA (sign only)
Your selection?
RSA keys may be between 1024 and 4096 bits long.
What keysize do you want? (2048)
Please specify how long the key should be valid.
        0 = key does not expire
      <n>  = key expires in n days
      <n>w = key expires in n weeks
      <n>m = key expires in n months
      <n>y = key expires in n years
Key is valid for? (0)
Key does not expire at all
Is this correct? (y/N) y


You need a user ID to identify your key; the software constructs the user ID
from the Real Name, Comment and Email Address in this form:
    "Heinrich Heine (Der Dichter) <heinrichh@duesseldorf.de>"


Real name: 名前を入力
Email address: Eメールアドレスを入力
Comment: コメントがあれば入力
You selected this USER-ID:
    "名前 (コメント) <Eメールアドレス>"


Change (N)ame, (C)omment, (E)mail or (∩)kay/(Q)uit? ∪
You need a Passphrase to protect your secret key.


Enter passphrase:
Repeat passphrase: パスフレーズを 2 回入力


We need to generate a lot of random bytes. It is a good idea to perform
some other action (type on the keyboard, move the mouse, utilize the
```

第6章　セキュリティ

```
disks) during the prime generation; this gives the random number
generator a better chance to gain enough entropy.

Not enough random bytes available.  Please do some other work to give
the OS a chance to collect more entropy! (Need 284 more bytes)
```

　このようなメッセージが表示されたら、しばらく待つ。このとき、マウスを動かしたり、キーボード入力や、HDD アクセスを行うことで乱数を発生させている。

```
gpg: /home/ユーザ名/.gnupg/trustdb.gpg: trustdb created
gpg: key CE31E663 marked as ultimately trusted
public and secret key created and signed.

gpg: checking the trustdb
gpg: 3 marginal(s) needed, 1 complete(s) needed, PGP trust model
gpg: depth: 0  valid:   1  signed:   0  trust: 0-, 0q, 0n, 0m, 0f, 1u
pub   2048R/CE31E663 2012-12-02
      Key fingerprint = 215F 68D7 7FDF F138 41C0  D130 C3AF 00EC CE31 E663
uid                   名前（コメント）<Eメールアドレス>
sub   2048R/2075F969 2012-12-02
```

　以上で完成である。今後は、~/.gnupg ディレクトリ内のファイルを盗まれないようにバックアップしておくべきだろう。

6.5.2 鍵の操作

公開鍵の破棄証明書作成

　自分の公開鍵を破棄するための証明書を作成する。

```
% gpg -o ~/.gnupg/ファイル名（名前.revoke など）--gen-revoke Eメールアドレス
  sec  2048R/CE31E663 2012-12-02 名前 <Eメールアドレス>

Create a revocation certificate for this key? (y/N) y
Please select the reason for the revocation:
  0 = No reason specified
  1 = Key has been compromised
  2 = Key is superseded
  3 = Key is no longer used
  Q = Cancel
(Probably you want to select 1 here)
Your decision? 1
Enter an optional description; end it with an empty line:
>    # 何も入れずに Enter
Reason for revocation: Key has been compromised
Is this okay? (y/N) y
```

94

```
You need a passphrase to unlock the secret key for
user: "名前 <Eメールアドレス>"
2048-bit RSA key, ID CE31E663, created 2012-12-02

gpg: gpg-agent is not available in this session
ASCII armored output forced.
Revocation certificate created.

Please move it to a medium which you can hide away; if Mallory gets
access to this certificate he can use it to make your key unusable.
It is smart to print this certificate and store it away, just in case
your media become unreadable.  But have some caution:  The print system of
your machine might store the data and make it available to others!
```

公開鍵を無効化

公開鍵を破棄するための証明書を相手から受け取りインポートする。

```
% gpg --import 破棄証明書ファイル
```

公開鍵を公開

```
% gpg [-a] -o ファイル名.pub --export 自分のユーザ名
```

-a オプションをつけると、文字列形式で出力される。

「ユーザ名」の部分に、名前かEメールアドレスの一部でも一致すれば、該当する。名前の一部が複数該当するユーザがキーリングに登録されている場合は、複数該当しないように指定する。このファイルがあなたの公開鍵なので、安全にデータを送受信したい相手にこのファイルを渡す。手渡しや信頼されたサーバ経由で公開鍵を渡すことを推奨する。

または、公開鍵をEメールなどで渡す方法とは別の方法で、公開鍵のフィンガープリントを相手に教えることで、公開鍵を受け取った際に確認することができる。

自分のフィンガープリントは以下のコマンドで表示できる。

```
% gpg --fingerprint 自分のユーザ名
```

6.5.3 公開鍵を入手して登録

安全にデータを送受信したい相手から公開鍵を受け取ったら、キーリング（公開鍵を集めたファイル）にインポートする。

```
% gpg --import 公開鍵ファイル
```

第 6 章　セキュリティ

　公開鍵を直接手渡しされた以外の場合には、インポートした公開鍵が正しいかどうかを確認するために、フィンガープリントを比較する。

```
% gpg --fingerprint 相手のユーザ名
```

　フィンガープリントが異なっていた場合は信頼できないので、その公開鍵を削除する（削除方法は後述）。
　名前の部分には、文字列の一部でも一致すれば、一致したすべてが表示される。
　信頼できたらインポートした公開鍵に署名を付ける。

```
% gpg --sign-key 相手のユーザ名
```

　Really sign? (y/N) と聞かれるので y と自分のパスフレーズを入力する。

```
% gpg --edit-key ユーザ名
```

を使うと、信用度などを変更することもできる。詳しくは gpg のマニュアルを参照していただきたい。

　　公開鍵を削除

```
% gpg --delete-key ユーザ名
```

　　キーリングに保存された公開鍵を表示

```
% gpg --list-keys [ユーザ名]
```

　ユーザ名を指定しなければ、すべての情報が表示される。

6.5.4 ファイルの暗号化

```
% gpg [-a] --encrypt -r 相手ユーザ名 暗号化対象ファイル名
```

　暗号化対象ファイル名.gpg として暗号化されたファイルが生成される。
　-a オプションを指定すると、文字列形式で出力され、ファイル名は**暗号化対象ファイル名**.asc になる。

6.5.5 暗号化されたデータの復号化

```
% gpg -o 出力ファイル名 --decrypt 暗号化されたファイル名
```

　パスフレーズを入力する。

96

6.5.6 ファイルの電子署名

```
% gpg -sign 署名対象ファイル名
```

パスフレーズを入力する。

署名対象ファイル名.gpg として、電子署名が付加されたファイルが生成される。

文字列をそのままにして、文字列形式で電子署名を付加することもできる。

```
% gpg --clearsign 署名対象ファイル名
```

署名対象ファイル名.asc として、電子署名が付加されたファイルが生成される。文書本体はそのまま読むことができる。

電子署名の確認

```
% gpg --verify 署名されたファイル
```

改ざんされていなければ、以下のように表示される。

```
gpg: Signature made 2012年12月03日 11時49分04秒 JST using RSA key ID 0B9EEE72
gpg: Good signature from "相手の名前（コメント）<Eメールアドレス>"
```

改ざんされていると、以下のように警告が表示される。

```
gpg: invalid clearsig header
gpg: Signature made 2012年12月03日 11時49分04秒 JST using RSA key ID 0B9EEE72
gpg: WARNING: signature digest conflict in message
gpg: Can't check signature: general error
```

第7章 UNIXシステム管理

7.1 UNIXにおける管理作業

　すでに何度も述べているように、UNIX はマルチユーザのシステムであり、一般ユーザと管理者ユーザが存在する。かつての UNIX システムの運用では、一般ユーザと管理者とは明確に分かれていた。たとえば大学の計算機センターでは、通常の利用者はあくまで一般ユーザであり、勝手にアプリケーションを追加導入することはできない。管理者は専任のスタッフがいる。企業の場合でも、情報システム部門のみが管理者権限を持つという運用は珍しくはない。

　しかし、いまやクライアントマシンに UNIX をインストールすれば、だれもがいきなり簡単に管理者になれてしまう。

　もちろん、多数のユーザを抱える中央のシステムの管理者と、クライアント UNIX 機の管理者では、仕事の量も質も異なるが、管理者権限を持つ UNIX マシンをネットワークに接続するという点では同じような責任が伴う。余談になるが、1995 年前後の一部の Linux ディストリビューションでは、routed の起動引数に標準でデフォルト経路を出力するオプションがついていた。何も知らずに、Linux でルータを作るために routed の起動を有効にして再起動したとたん、そのホストはデフォルト経路をネットワークにばらまき、RIP で動作していた近隣のネットワークの経路がすべてそのホストに吸い込まれてしまうという事故が多発した。UNIX に限ったことではないが、管理者権限を持つホストをネットワークに接続するということは、責任が伴うものなのである。

　そう考えると、UNIX を「使う」だけのユーザであっても、UNIX を「管理する」知識を持つ必要があるのではないだろうか。本書では、UNIX システム管理の基礎、特にクライアントホストの管理の基礎的な部分に的を絞って解説している。

　歴史的な設計の事情により、UNIX には二階層のユーザ権限がある。UID が 0 のユーザは root と呼ばれ、管理者ユーザである。UID が 1 以上のユーザは一般ユーザである。ただし、運用上 UID が 100 未満にアプリケーション個有の権限をあたえているシステムもある。

　また、最近では権限にさらに階層を付けようとする試みもある（FreeBSD の jail など）。Ubuntu のように、root ユーザを明確には見えないようにしているシステムもある。

第 7 章　UNIX システム管理

　本書で述べるクライアントホストの管理は、いわゆる設定メニューで設定できるものが多いが、内部的にどのような処理を行っているかを明らかにしていく。そのことが、後々業務で UNIX を管理する際の導入的知識となるであろうと考えるからだ。CUI しかない状態でも、システム設定と環境構築ができるようになることを目指したい。

7.2 起動とシャットダウン

　いまやコンピュータをシャットダウンするのにいきなり電源ケーブルを引き抜く人はいないだろう。この点に関してのみ、われわれは Windows 95 に感謝をしている。UNIX のように複雑なシステムでは、シャットダウンには相応の作法が必要だ。同様に複雑なシステムの起動の際には複雑な手順が必要になる。

　本章では、UNIX システムの起動とシャットダウンについて概観したい。

7.2.1 ブートローダー

　電源投入時の CPU の初期化処理は本書の範疇を超えるため、BIOS（または相当するモニタなど）の初期化が完了した時点からの処理について述べる。

　最初に HDD 上のブートセクタ（セクタ 0）が読み込まれる。ブートセクタは 512 バイトしかないため、UNIX のファイルシステムを理解しカーネルを読み込むプログラムをすべて格納するのは難しい。通常は、第二ステージのブートローダーを読み込んで実行するプログラムが格納されている。

　複数の OS を切り替えて使う場合は、ここでブートセレクターなどと呼ばれるプログラムが実行され、ブートセレクターから次のステージのブートローダーが呼び出される。

　ブートローダーは、UNIX のルートパーティションを検索しカーネルファイルを読み込む。カーネルファイルをメモリに読み込むと、処理をカーネルのエントリポイントに移す。

7.2.2 カーネル起動後の処理

　カーネルが行う処理は、内部変数の初期化、デバイスの検出と初期化など多数ある。昨今の Linux だと起動時のメッセージが見えないことも多いが、dmesg コマンドで起動時のカーネルログを見るとデバイスを初期化しているようすが観察できる。

　初期化処理が終了すると、カーネルは init を実行する。init のパスはカーネルに埋め込まれており、通常は/sbin/init に置かれている。init は PID が 1 の、最初に作られるプロセスであり（0 はカーネル自身）、他のすべてのプロセスの親プロセスとなる。

　init は/etc/以下にある rc スクリプトを実行する。

　Linux では、ディストリビューションによってディレクトリ構成は異なるものの SystemV 形式の rc

100

スクリプトを用いている。Ubuntu では、/etc/rc **ランレベル**.d/というディレクトリがあり、その配下に実行するスクリプトが置かれている。スクリプトのファイル名は、S または K で始まる。S で始まるスクリプトのサービスは、そのランレベルで開始され、K で始まるサービスは停止される。ファイル名の 2 文字目と 3 文字目は 2 桁の数字で処理の順番を表す。

FreeBSD では/etc/rc というシェルスクリプトを実行する。古い BSD 系 UNIX では/etc/rc から直接デーモン等を実行していたが、現在の BSD 系 PC-UNIX ではデーモン等を起動するスクリプトはサービスごとに/etc/rc.d/配下に置かれている。ここに置かれた rc スクリプトの実行順序を決定するのが/sbin/rcorder コマンドである。rc スクリプトの冒頭のコメントには、スクリプト間の依存関係が記述されている。rcorder は依存関係を元に、スクリプトの実行順序を決定する。サービスの起動オン/オフは/etc/rc.conf の中に記述する。

7.2.3 シャットダウン

UNIX システムを停止させる際には、シャットダウンの手続きを行う。Linux と BSD では内部で行われている処理は異なるが、ユーザが実行するコマンドには大きな違いはない。以下に、シャットダウンに用いるコマンドを列挙する。

shutdown

shutdown コマンドはシングルユーザモードに移行するためのコマンドである。オプションで-h を指定すると halt（システム停止）状態に、-r を指定するとリブートする。引数には時刻を指定する。now を指定すれば即座に、時刻もしくは何時間後かを指定してシャットダウンを実行する。

halt

halt コマンドは即座にシステムを停止状態に移行する。

reboot

reboot コマンドは即座にシステムを再起動する。1990 年代前半までの古いシステムでは、reboot コマンドはディスクの sync 処理を行わずに再起動するため、sync を実行してから reboot を実行する癖をつけるように指導されたが、現在は reboot コマンド実行時にもファイルシステムの sync と unmount は行われるので気にしなくてよい。

fastboot/fasthalt

fastboot と fasthalt は、次回の起動時の fsck（ファイルシステムのチェック）をスキップして再起動（fasthalt は終了）するコマンドである。現在の UNIX では、ファイルシステムが正常に unmount できていれば、起動時の fsck は省かれるため、もはや reboot、halt コマンドとの差異はない。

第 7 章　UNIX システム管理

7.3 ユーザとグループの管理

7.3.1 UNIXにおけるユーザの概念

UNIX はマルチユーザであり、1 つのシステム上に複数のユーザが存在する。ユーザには UID という 0 以上の番号が割り振られている。UID が 0 のユーザは root という名前のスーパーユーザであり、特別な権限を持つ。

初期の UNIX では、UID は short 型（16bit）であったため、1 つのシステム上では数万人のユーザしか格納できなかった。これは、それなりの規模の大学全体の利用者を格納するには不十分である。現在の UNIX では、UID は uid_t という型であり、たとえば FreeBSD では符号無し 32bit 整数で定義されている。

UID は、ユーザに割り当てられた数字であると同時に、実行中のプロセス属性に割り当てられる数字でもある。プロセスは UID に対応するユーザの権限で動作する。

プロセスはユーザ ID の他に実効ユーザ ID（Effective UID）という値も持つ。実効ユーザ ID は、プロセスの所有者とは別に、どのユーザの権限を持って処理を行うかを表す。root 権限で実行されたプロセスであっても、実際の処理に root 権限を必要としない場合は、実効ユーザ ID を一般ユーザに変更しておくとよい（setuid システムコール）。万が一そのプログラムが外部から受け取ったデータに攻撃コードが含まれていて、そのプログラムから不正なコードが実行されたとしても、一般ユーザの権限であるため被害の範囲を抑えることができる。

反対に、一般ユーザが実行するプログラムを、root 権限で動作させたい場合がある。このようなときには対象のプログラムファイルの setuid ビットを立てる。/sbin/ping コマンドのモードは以下のようになっている。

```
% ls -l /sbin/ping
-r-sr-xr-x  1 root  wheel  27968 Sep  1 15:57 /sbin/ping
```

s ビットが立っているため、ping プログラムは実効ユーザが root で実行される。

ping は、ICMP パケットを直接送受信するために RAW ソケットを使用する。このため root 権限を必要としている。

ユーザは通常 1 つ以上のグループに所属する。グループには複数のユーザを所属させられる。グループには文字列のグループ名と、整数のグループ ID（GID）が割り当てられる。GID が 0 のグループは wheel グループと呼ばれており、wheel グループに所属しているユーザは su コマンドで root に切り替えられる。ただし、Ubuntu では root ユーザのパスワードを無効にしている。

グループの利用方法は、たとえばプロジェクト A グループ（prj_a）とプロジェクト B グループ（prj_b）とで、ソースコードの管理などに用いるファイル置場に互いには書き込みできないようにしたい場合に使う。このとき、それぞれのディレクトリのグループを以下のようにしておけばよい。

102

```
% ls -l
total 0
drwxrwxr-x  2 root    prj_a  0 Sep 29 14:11 project_a/
drwxrwxr-x  2 root    prj_b  0 Sep 29 14:11 project_b/
```

　グループをそれぞれのプロジェクトにし、グループに所属しているユーザによる書き込みを許可するのである。

7.3.2 ユーザとグループの管理

　ネットワークでの集中管理を行わないシステムでは、ユーザとグループは/etc/配下のファイルで管理されている。

　/etc/passwd にはユーザの情報が格納されている。初期の UNIX では暗号化したパスワードが格納されていたが、現在は暗号化したパスワードは別のファイル（Ubuntu では/etc/shadow、FreeBSD では/etc/master.passwd）に格納されている。

　以下は、/etc/passwd ファイルの一部を抜き出したものである。

```
root:*:0:0:Charlie &:/root:/bin/csh
toor:*:0:0:Bourne-again Superuser:/root:
daemon:*:1:1:Owner of many system processes:/root:/usr/sbin/nologin
operator:*:2:5:System &:/:/usr/sbin/nologin
bin:*:3:7:Binaries Commands and Source:/:/usr/sbin/nologin
tty:*:4:65533:Tty Sandbox:/:/usr/sbin/nologin
kmem:*:5:65533:KMem Sandbox:/:/usr/sbin/nologin
games:*:7:13:Games pseudo-user:/usr/games:/usr/sbin/nologin
news:*:8:8:News Subsystem:/:/usr/sbin/nologin
man:*:9:9:Mister Man Pages:/usr/share/man:/usr/sbin/nologin
sshd:*:22:22:Secure Shell Daemon:/var/empty:/usr/sbin/nologin
kimoto:*:1000:1000:Masahiko KIMOTO:/home/kimoto:/bin/tcsh
```

　shadow や master.passwd には、暗号化されたパスワードが格納されている。1990 年代までは、DES という暗号化アルゴリズムが主流だったが、現在では他の解読が難しいアルゴリズムが使われることも多い。

　/etc/group には、グループの一覧が格納されている。以下は/etc/group の例である。

```
wheel:*:0:root,kimoto
daemon:*:1:
kmem:*:2:
sys:*:3:
tty:*:4:
operator:*:5:root,kimoto
```

第 7 章　UNIX システム管理

ユーザとグループに関係したコマンドを以下に挙げる。

id

id コマンドは、ユーザに割り当てられた ID 番号などを表示する。引数を指定しない場合は、実行したユーザの情報を表示し、引数としてユーザ名を指定すると、そのユーザの情報を表示する。このコマンドには複数の実装があり、使えるオプションが異なるので、環境に応じてマニュアルを参照されたい。以下は実行例である。

```
% id
uid=1000(kimoto) gid=1000(user) groups=1000(user),0(wheel),5(operator)
```

whoami

whoami は現在のユーザ ID（厳密には実効ユーザ ID）をログイン名で表示する。以下は実行例である。

```
% whoami
kimoto
```

groups

groups コマンドは引数で指定したユーザ（引数を省略した場合は実行したユーザ）が所属しているグループ一覧を表示する。以下は実行例である。

```
% groups
user wheel operator
```

who

who コマンドは、現在システムにログインしているユーザの一覧を表示する。

finger

finger コマンドは、ユーザの情報を検索する。他のホスト上のユーザの状態（ログイン中か、未読メールはあるか、など）を検索できるため、在席確認などにかつては使われたが、現在は多くのシステムでは finger サービスは無効になっている。

7.4 パッケージ管理

7.4.1 Ubuntuのパッケージ管理

Ubuntu をはじめとした Debian 系 Linux では、APT というパッケージ管理システムを用いている。APT のコマンドの代表的な使い方を以下に示す。

パッケージを検索する

    apt-cache search パッケージ名

パッケージをインストールする

    apt-get install パッケージ名

パッケージを削除する

    apt-get remove パッケージ名

パッケージ情報を更新する

    apt-get update

インストールされている全パッケージを最新に更新する

    apt-get upgrade

APT では deb 形式のバイナリパッケージファイルを扱っている。APT で提供されていないアプリケーションでも、deb 形式で配布されている場合がある。deb 形式のファイルは、dpkg コマンドでインストールできる。

APT のパッケージの入手先は、/etc/apt/souces.list に記載されている。このファイルに項目を追加すれば、非標準のパッケージ配布サイトを利用することもできる。

7.4.2 FreeBSDのパッケージ管理

FreeBSD には、ports と packages という 2 つの仕組みがある（FreeBSD 10 からは pkgng という新しいバイナリパッケージの仕組みも導入された）。

ports はソースファイルをネットワーク経由で入手して必要なパッチを当ててコンパイルしてインストールする。コンパイルオプションの選択やパッチ当てなどの作業を自動化したものである。

packages は ports によってコンパイルされてインストールされたバイナリを、アーカイブにまとめたものである。package は pkg_add というコマンドでインストールする。アーカイブ内にそのプログラムが必要とするライブラリなどについての情報も格納されているため、pkg_add を実行すると依存している他の package も同時にインストールされる。ports と packages は基本的に 1 対 1 に対応しており、port からは make package を実行することで package を作成できる。

以下に本書で紹介した emacs を ports でインストールする手順を示す。

```
# cd /usr/ports/editors/emacs
# make config
（ここでオプションを選択できる）
# make
# make install
```

ports ディレクトリの更新には、portsnap コマンドを用いる。/etc/portsnap.conf ファイルで取

得先のサーバを指定した後、以下を実行する。

```
# portsnap fetch
# portsnap update
```

ports を最新にしていると、コンパイルできない状態が発生しうるという問題がある。これに対して packages はコンパイル済のバイナリ配布なので、インストールに失敗することはない。しかし、依存するライブラリやアプリケーションのバージョンの検査が厳しく、本来問題なく動作する程度の差異しかないにも関わらず、依存する package の更新も要求されることがある。

一例を示そう。ghostscrip（PostScript 処理系）で縦書の日本語を扱いたい場合、正しく表示できるのは日本語版 ghostscript 7.07（print/ghostscript7-jpnfont）である。これ以降のバージョンでは、縦書対応のパッチがすべては取り込まれていない。ghostscript を必要とする他の ports は、gs コマンドが存在すればコンパイルできるため、ghoscript 7.07 のままで環境を作ることは不可能ではない。しかしバイナリパッケージの場合、最新の ghostscript9 への依存関係が固定されてしまっている。これは後継バイナリパッケージシステムである pkgng でも発生する問題である。

FreeBSD については、バイナリパッケージと ports とを上手に併用する必要がある。

7.5 TCP/IPネットワーク管理

7.5.1 ネットワークへの接続

一部の OS では、ネットワークへの接続は自動設定で行われる。自動設定が当たり前の環境であっても、内部で実行されている処理を把握しておくことは、トラブルシューティングなどの際に有効であろう。

IP ネットワークへの接続の際には、おおむね以下の処理が必要である。ここではイーサネットインターフェイスが1つである場合を想定している。

- ハードウェアのネットワークインターフェイスを使用可能にし物理的にネットワークに接続する。
- ホスト名とネットワークアドレスを割り当てる（ネットワークによっては DHCP が使用できる場合もある）。
- デフォルトゲートウェイを設定する（ネットワークによっては静的なルート設定が必要になることもある）。
- 必要なネットワーク設定をブート時に実行できるようにする。
- ネットワーク接続をテストする。
- 利用しようとしているネットワークサービスを設定し、使用可能にする。

7.5.2 ifconfigによるネットワークインターフェイスの設定

ネットワークインターフェイスの設定を行うためには、ifconfig コマンドを用いる。ifconfig は元々 TCP/IP が導入された 4.2BSD で追加されたコマンドだが、その後扱うネットワーク物理インターフェイスの種類の増加や OS ごとの差異が生じたことにより、OS によって使える引数が異なっている。ここでは一般的な例を示す。

```
# ifconfig msk0 inet 192.168.1.2 netmask 255.255.255.0
```

msk0 と名づけられたイーサーネットインターフェイスを構成し、指定されたインターネットアドレスとネットマスクを割り当てる。

第1引数：インターフェイス名である。命名規則は OS によって異なる。
第2引数：アドレスファミリを示す。IPv4 は inet となり、IPv6 の場合には、inet6 と記載する。
第3引数：IP アドレスを記載する。
第4引数：ネットマスクが続くことを示すキーワード、netmask である。
第5引数：ネットマスクを、10 進数または 16 進数表記で指定する。

通常 UNIX は自分自身を示すループバックインターフェイスというものを持っており、インターフェイス名には lo0 という名前がついてる。

なお、Linux では ifconfig コマンドはすでにメンテナンスされていない過去のコマンドであり、現在は iproute2 パッケージの ip コマンドを用いるのが適切な方法とされている。

7.5.3 デフォルトゲートウェイ

近隣サブネット外との通信を行うためには、外部との中継をするルータを設定する必要がある。OS が内部で保持している宛先ごとの中継ルータの情報をルーティングテーブルと呼ぶ。どの宛先にもマッチしないパケットは、デフォルトゲートウェイ（またはデフォルトルータ）に送られる。

ルーティングテーブルは route コマンドで設定する。

Linux でのデフォルトゲートウェイの指定は以下のように行う。

```
# route add default gw 192.168.192.1
```

同じ設定を FeeeBSD で行うには以下のように行う。

```
# route add default 192.168.192.1
```

routo コマンドは 4.2BSD 由来のコマンドであるが、FreeBSD と Linux では表記方法に違いがあるので注意されたい。また、Linux ではルーティングテーブルの細かな設定をするために、iproute2 パッケージの ip コマンドを用いるのが一般的な方法である。

第 7 章　UNIX システム管理

7.5.4 ルーティングテーブルの表示

　ルーティングテーブルを表示するには、netstat -r コマンドを使用する。以下は FreeBSD での実行例である。

```
% netstat -rn
Routing tables

Internet:
Destination        Gateway           Flags    Refs      Use  Netif Expire
default            192.168.1.1       UGS         0  4179727  msk0
127.0.0.1          link#2            UH          0   159328  lo0
192.168.1.0/24     link#1            U           0   172746  msk0
192.168.1.5        link#1            UHS         0        0  lo0

Internet6:
Destination                  Gateway                       Flags      Netif Expire
::/96                        ::1                           UGRS       lo0 =>
default                      fe80::226:18ff:fe0f:a1db%msk0 UG         msk0
::1                          link#2                        UH         lo0
::ffff:0.0.0.0/96            ::1                           UGRS       lo0
（略）
```

　前半は IPv4 のルーティングテーブル、後半は IPv6 のテーブルが表示される。後半は長くなるので省略した。テーブルの最初の 1 行目は、デフォルトルートを表示している。次の行はローカルホスト（127.0.0.1）宛のパケットを、ループバックインターフェイスに送る経路を表示している。次の行は自ホストが接続されたサブネットに対する経路で、外向きのネットワークインターフェイスを経由して直接送信する経路である。次の行は、自ホストの IP アドレス宛のパケットは、ループバックインターフェイスに送るという経路である。

7.5.5 スタティックルーティング

　特定の宛先向けのパケットを別ルータに経由させるためには、スタティックルート（静的経路）の設定を行う。

```
# route add -net 192.168.2.0/23 192.168.1.128
```

　上記では、192.168.2.0/23 のネットワークへの通信は 192.168.1.128 のルータを経由するように設定している。同じ内容を、Linux では以下のように記述する。

```
# route add -net 192.168.2.0 netmask 255.255.240.0 gw 192.168.1.128
```

　Linux では iproute2 を使うことで、ソースルーティング（送信元によって次経路を決定する）などの細かな指定が可能になる。

108

7.5.6 ブート時の設定

OS 起動時に自動的にネットワークインターフェイスの設定を行うためには、以下のファイルに記述する。OS ごとに記述方法が異なる。

```
FreeBSD        : /etc/rc.conf
Linux(Ubuntu)  : /etc/network/interfaces
```

FreeBSD と Linux について、ここまでの設定を反映させる記述方法を例示しておく。まずは FreeBSD の/etc/rc.conf の記述である。

```
ifconfig_msk0="inet 192.168.1.2 netmask 255.255.255.0"
defaultrouter="192.168.1.1"
static_routes="st1"
route_st1="-net 192.168.2.0/23 192.168.1.128"
```

Ubuntu では、/etc/network/interfaces に以下を追加する。

```
auto eth0
iface eth0 inet static
address 192.168.1.2
netmask 255.255.255.0
gateway 192.168.1.1
```

また、静的経路を設定するために、/etc/network/if-up.d/routes を作成し、以下を追加する。このファイルはシェルスクリプトとして実行されるので、実行権限を付与しておくこと。

```
#!/bin/sh
route add -net 192.168.2.0 netmask 255.255.240.0 gw 192.168.1.128
```

7.5.7 名前解決

IP アドレスを設定すると、外部のネットワークと通信できるようになるが、これだけでは、ホスト名を使ったアクセスができない。

名前解決とは、ホスト名を対応する IP アドレスに変換する処理のことであり、以下のいずれかの手順が用いられる。

- /etc/hosts ファイルに記載されている対応づけを参照する。
- DNS（Domain Name Service）サーバと通信し検索を行う。

第 7 章　UNIX システム管理

/etc/hosts は、DNS という分散データベースが存在しなかった頃の名前解決の方法である。/etc/hosts というファイルに、ホスト名と IP アドレスの対応付けをテキスト形式で記載すると、アプリケーションからホスト名で IP アドレスを検索できるようになる。

/etc/hosts のエントリは、ネットワーク通信ができない状態でも参照できるため、たとえば自ホストの IP アドレスを/etc/hosts に記載しておくと、ifconfig コマンドで IP アドレスのかわりにホスト名を指定できる。また、後述の nsswitch の指定にもよるが、通常は DNS よりも/etc/hosts ファイルが先に検索されるため、DNS の設定を上書きしたり、仮想サーバの動作試験などにも活用できる。

以下は/etc/hosts の例である。左辺が IP アドレス（IPv6 アドレスも指定できる）、右辺がホスト名（空白区切り）になる。

```
::1                       localhost localhost.example.jp
127.0.0.1                 localhost localhost.example.jp
192.168.1.200            myserver myserver.example.jp
```

DNS は IP アドレスを検索するための広域分散データベースである。DNS については次節で説明するが、ここではクライアントから DNS での名前解決の設定を行う方法について述べる。以下は/etc/resolv.conf の例である。

```
search example.com
nameserver 192.168.0.2
nameserver 192.168.10.2
```

search 行は、検索時にドメインを省略したときに補足するドメインを指定する。nameserver 行は DNS サーバを指定する。先に指定したエントリが優先される。

Ubuntu では/etc/resolv.conf は resolvconf ユーティリティによって動的に生成され、../run/resolvconf/resolv.conf へのシンボリックリンクとして配置されることがある。この場合は/etc/resolv.conf を実ファイルで置き換えることで、resolvconf の起動を抑制するか、/etc/network/interfaces に「dns-nameservers 192.168.0.2」を記述する。

7.5.8 ネームサービススイッチ

ホスト名やパスワードの対応付けは、歴史的には最初はローカルのファイルに保存していたものが、LAN 内で共有する需要が発生し、共有するシステムが生まれた。サン・マイクロシステムズによる NIS（YP）や、NeXT STEP に搭載された NetInfo（現在では Mac OS X に引き継がれている）などが有名だが、本書では省略する。ホスト名については DNS による広域分散管理も行われるようになった。

こういった情報の検索順序や機能有効・無効指定は、当初アドホックな方法で行われていたが、包括的に指定するために生まれたのがネームサービススイッチである。ネームサービススイッチの挙動は、

/etc/nsswitch.conf というファイルに記述する。nsswitch.conf はコロンで区切って左辺にデータベース名、右辺にデータ供給元を優先度の高い順番に空白区切りで記述する。

```
hosts: files dns mdns
shells: files
```

上記の記述例では、ホスト名はファイル（/etc/hosts）、DNS、マルチキャスト DNS（詳細は本書の範囲外だが、Mac OS X での Bonjour と同等）の順番で検索する。シェルとして使えるコマンドの一覧はファイル（/etc/shells）を参照する。

7.6 DNS（名前サービス）

7.6.1 DNSとは

DNS（Domain Name System）とは、インターネット上でドメイン名を運用・管理するためのシステムである。ホスト名と IP アドレスをマッピングして相互解決する（これを名前解決と呼ぶ）役割を持つ。

インターネット上における通信では、相手先の IP アドレスを指定する必要がある。たとえばわれわれ創夢の Web ページにアクセスしたい場合、ホスト名 www.soum.co.jp を DNS に問い合わせ、IP アドレス 202.221.40.1 を得ることで、われわれが運営している Web サーバのアドレスを知ることができる。

7.6.2 DNSの歴史

インターネットの前身である ARPAnet は、数百台のホストだけで構成されていたため、すべてのホスト名と IP アドレスの対応を「HOST.TXT」というテキストファイルで管理していた。当時の UNIX の「/etc/hosts」はこのファイルを基に作られていた。HOST.TXT は SRI-NIC（Stanford Research Institute's Network Information Center）によって管理され、Anonymous FTP で公開されていた。ARPAnet に接続するホストは、SRI-NIC に FTP 接続して最新の HOST.TXT を取得し、ローカルの UNIX システムの/etc/hosts に反映させた。しかし、ARPAnet が TCP/IP プロトコルに移行するとネットワークのホスト数が爆発的に増え、以下の問題が発生した。

- 接続ホスト数の増加による HOST.TXT ファイルの肥大化
- HOST.TXT を集中管理する SRI-NIC の負荷の増大
- 誤って登録済みのホスト名を登録してしまうことによる名前の衝突

これらの問題を解決するために、DNS が開発された。

7.6.3 DNSのしくみ

DNSとはホスト情報の分散データベースである。DNSの名前空間は木構造となっており、これは「ドメイン・ツリー」と呼ばれる。ドメイン・ツリーの最上位はルートと定義され"."と表す。ツリーはいくつかの階層に区切られ、それぞれの階層ごとに、それ以下に含まれる下位のドメイン名を管理している。

最上位のルートDNSサーバが"jp"や"com"などのTLD（Top Level Domain）のDNSサーバの情報を保持し、TLDのDNSサーバではそれぞれの名前空間で管理されている"ac", "co"などのDNSサーバの情報を保持する。

このようにドメインの管理は分割されており（分割したものをゾーンと呼ぶ）、各DNSサーバは担当するゾーンの情報のみを保持している。

ゾーンごとに分割することにより、名前解決の負荷を分散することができ、またドメインの管理を各DNSサーバに任せることにより管理効率が向上する。ゾーンの管理を他の（下位）サーバへ任せることを「権限移譲（delegation）」と呼ぶ。ドメインツリーの木構造は、権限移譲のツリー構造であるとも言える。

7.6.4 名前解決の流れ

アプリケーションからの要求に応じて名前解決を行うソフトウェアがリゾルバである。リゾルバはUNIXではライブラリ関数として実装されている。

リゾルバは、/etc/resolv.confに記載されたネームサーバに対して、名前解決の要求を送る。このネームサーバを、フルサービスリゾルバと呼ぶ。名称が紛らわしいので前述のリゾルバをスタブリゾルバと呼んで区別する場合もある。通常リゾルバと言った場合は、スタブリゾルバを指す。

例として、"example.co.jp"というホスト名のIPアドレスの解決を行う場合の流れを説明する。

スタブリゾルバからフルサービスリゾルバへと名前解決の依頼がくると、フルサービスリゾルバはルートサーバへ"example.co.jp"のIPアドレスを問い合わせる。

ルートサーバは"example.co.jp"のホスト名を直接には保持していない（権限移譲している）ため、フルサービスリゾルバは「"jp"ドメインが管理している」という通知をルートサーバから受けとる。

通知を受けたフルサービスリゾルバは、次に"jp"ドメインを管理しているネームサーバへと問い合わせを行う。すると「"co.jp"ドメインが管理している」という通知を受けとる。次に"co.jp"ドメインのネームサーバへ問い合わせを行うことで、"example.co.jp"ドメインを直接管理しているネームサーバのIPアドレス（NSレコード）を受け取ることができる。

"example.co.jp"のネームサーバに問い合わせることで、IPアドレス（Aレコード）が最終的に得られる。

このように、フルサービスリゾルバが名前解決のためにいくつものネームサーバをたどる動作を、反覆検索（iterative query）と呼ぶ。

7.6.5 名前解決クライアント

代表的な名前解決クライアントを挙げる。

nslookup

nslookup は、対話的な操作で、名前解決の要求を送り結果を得ることができる。以下の実行例では、検索対象に AAAA レコード（IPv6 アドレス）を指定して、ホスト名から IP アドレスの検索（正引き）を行っている。

```
% nslookup
> set q=aaaa
> www.soum.co.jp
Server:         127.0.1.1
Address:        127.0.1.1#53

Non-authoritative answer:
www.soum.co.jp  canonical name = soumgw.soum.co.jp.
soumgw.soum.co.jp       has AAAA address 2001:240:10e::1

Authoritative answers can be found from:
>
```

dig

dig（domain information groper）コマンドは、nslookup よりも細かく DNS サーバの動作を確認するために有効である。

dig の典型的な引数は以下のようになる。

```
dig @server domainname type
```

server にはネームサーバを指定する。domainname には検索対象のホスト名、type にはレコードの種類を指定する。前述の nslookup での AAAA レコードの検索と同じ操作を dig コマンドで実行すると、以下のようになる。

```
% dig @127.0.1.1 www.soum.co.jp aaaa

; <<>> DiG 9.9.2-P1 <<>> @127.0.1.1 www.soum.co.jp aaaa
; (1 server found)
```

```
;; global options: +cmd
;; Got answer:
;; ->>HEADER<<- opcode: QUERY, status: NOERROR, id: 11425
;; flags: qr rd ra; QUERY: 1, ANSWER: 2, AUTHORITY: 0, ADDITIONAL: 1

;; OPT PSEUDOSECTION:
; EDNS: version: 0, flags:; udp: 4096
;; QUESTION SECTION:
;www.soum.co.jp.                         IN      AAAA

;; ANSWER SECTION:
www.soum.co.jp.         3600    IN      CNAME   soumgw.soum.co.jp.
soumgw.soum.co.jp.      2684    IN      AAAA    2001:240:10e::1

;; Query time: 99 msec
;; SERVER: 127.0.1.1#53(127.0.1.1)
;; WHEN: Wed Sep 18 17:18:21 2013
;; MSG SIZE  rcvd: 92
```

host

host コマンドは上記の 2 つよりもシンプルな DNS 検索のコマンドである。ホスト名を引数で指定すると、人間が理解しやすい形式でアドレスを出力する。

```
% host www.soum.co.jp
www.soum.co.jp is an alias for soumgw.soum.co.jp.
soumgw.soum.co.jp has address 202.221.40.1
soumgw.soum.co.jp has IPv6 address 2001:240:10e::1
```

7.7 サービスの管理

7.7.1 起動ファイル

UNIX において「サービス」という単語を正確に定義するのは難しい。カーネルが提供するシステムコールを除くと、UNIX が提供するサービスというのは、（通常は管理者権限で動作する）プロセスが提供するものを指す。提供する「もの」とは、通常はネットワークサーバとして動作するか、プロセス間通信でのサーバとして動作するものだが、たとえば cron のように、サーバとしての挙動を示さないものもある。

本書では、起動方法によって「サービス」を定義する。起動時に rc スクリプトから起動されるものをサービスとする。

これは他の OS の類似機能（たとえば Mac OS X の launchd）と比較しても、不適切な分類ではないと考える。

7.7.2 サービスの実行制御（FreeBSD）

FreeBSD でのサービスの実行は、シンプルなシェルスクリプトで実現されている。サービスを実行・停止・再起動するスクリプトは、/etc/rc.d/、/usr/local/etc/rc.d/以下に格納されている。

例として、ntpd をとりあげる。NTP サーバのサービスを有効にするためには、まず/etc/rc.conf に以下を記述する。

ntpd_enable=''YES''

サービスを起動するときは、以下を実行する。

```
# /etc/rc.d/ntpd start
Starting ntpd.
```

サービスを停止するときは、以下を実行する。

```
# /etc/rc.d/ntpd stop
Stopping ntpd.
Waiting for PIDS: 865.
```

サービスの動作状況を調べるときは、以下を実行する。

```
# /etc/rc.d/ntpd status
ntpd is running as pid 865.
```

/etc/rc.conf の設定は、システム起動時にサービスを起動するか否かに反映される。サーバ構築途中などのように、一時的にサービスの起動・停止を行いたい場合は、以下のように start、stop の先頭に one を付加して実行する。

```
# /etc/rc.d/ntpd onestart
Starting ntpd.
# /etc/rc.d/ntpd onestop
Stopping ntpd.
Waiting for PIDS: 46473.
```

7.7.3 サービスの実行制御（Linux）

Linux でも、FreeBSD と同様に rc スクリプトを直接実行してのサービスの起動・停止が可能である。Ubuntu では rc スクリプトは/etc/init.d/以下に置かれており、これらのスクリプトを実行してサービスを制御できる。

第 7 章　UNIX システム管理

Linux ではより汎用的な方法として、service コマンドが用意されている。

以下を実行すると、現在のサービスの稼働状況一覧が表示される。

```
# service --status-all
```

FreeBSD と同じように、NTP サービスの起動・動作状況表示・停止を実行すると、以下のようになる。なお、以下は Ubuntu での実行例である。

```
% sudo service ntp start
 * Starting NTP server ntpd
   ...done.
% sudo service ntp status
 * NTP server is running
% sudo service ntp stop
 * Stopping NTP server ntpd
   ...done.
```

7.8 トラブルシュート

7.8.1 トラブルシュートとは

稼働中のシステムでのなんらかのトラブルの発生を防止することは不可能である。その原因としては、ハードウェアの故障、バグ、設定ミスなどさまざまなものがある。トラブル発生時に原因を特定し、取り除き、正常な状態に復旧させる作業はシステム管理者にとって重要な業務の 1 つである。このような作業を「トラブルシュート」と呼ぶ。

トラブルシュートを経験することにより、多くの知見が得られると同時に、トラブルシュートによって速やかにシステムを復旧させるためには、知識や経験を総動員する必要がある。トラブルシュートのためには高い技術が必要であり、トラブルシュートを繰り返し経験することでさらに高い技術を得られる。

トラブルが発生しているシステムが、業務に必要な共用システムや、外部に対してサービスを行っているシステムの場合、影響の及ぶ範囲が非常に大きくなるため、特に迅速な対応が必要になる。

ただし、業務上のシステムトラブルが発生している場合でも、自分一人で対応しようと考えるのはある意味正しくない。特に経験の浅いうちはよくわからない状態でいろいろ試してしまった結果、事態をより深刻なものにしてしまう可能性もある。このような場合は、まず、上司や先輩に報告し、自分に何ができるか指示を仰ぐのが、業務という観点ではもっとも適切な行動となる。

一方、個人で使用しているマシンにトラブルが発生した場合は、多くのケースでは自分以外に影響が及ぶことはないので、躊躇せずに対応に臨むべきだ。ときには上司や先輩の助言が必要になることもあるだろうが、経験を積むチャンスだと思って積極的な対応をしよう。

116

トラブルに対応するときの姿勢とは別に、日頃からトラブルの発生を未然に防ぐ努力をしておくことも大切である。定期的なシステムログのチェックなどもその1つであり、多重電源を持つシステムや、RAID を使用したシステムを使用し、一部に障害が発生したときにもシステム全体は正常に稼働できるようにしておく方法もある。このようなフォールトトレラント（耐故障性）なシステムを用いる場合、実運用に入る前にあらかじめ障害試験をしておくことも重要である。ホットスワップになっているからだいじょうぶだと思っていても、いざ実運用に入ってから初めてその操作を行うのは非常に勇気がいる。万が一それが原因で新たなトラブルが発生した場合でも、影響がないうちに同じトラブルを経験しておくことで、実際に発生したときにも冷静な対応が可能になる。

以降では、トラブルシュートの際に、原因の特定を行う方法について説明する。原因特定後は復旧作業が必要になるが、復旧作業は発生している現象によってさまざまな対処方法が取られるため、本書では復旧作業そのものより、その前段階の原因特定のための調査方法に重点をおく。

7.8.2 ログとメッセージの確認

シェルのプロンプトに対してコマンドを打ち込んだ際に期待通りの動作をしなかった場合は、画面上になんらかのメッセージが表示されることが多い。あるいは、デーモンとして動作しているプロセスが異常な処理を行った場合、システムログになんらかの記録がされている場合が多い。

トラブルシュートの基本はこれらのログやメッセージを確認することである。

多くの場合、メッセージの中に原因の特定に役立つ情報が含まれている。設定ファイルの記述ミスなども、ログから発見できることが多い。

非常に簡単な例ではあるが、ls コマンドを実行しようとした際に、タイプミスで sl と打ってしまった場合、画面には以下のように表示されるだろう。

```
sl: Command not found.
```

この表示を見れば自分がタイプミスしたことに気がつくはずだ。

メッセージやログの形式や内容には、さまざまな種類がある。また複雑なシステムのログはさらに複雑である。UNIX の場合、たいていのメッセージは英語であるため、英語の読解能力も必要になる。

広範な知識と経験が必要とされはするものの、メッセージの内容を正しく読み解くことが、トラブルシュートへの近道である。

7.8.3 自ら試行する

ユーザから「Web が見えない」という報告がきたケースを考える。単に Web が見えないと言っても、さまざまな原因が考えられる。ユーザから詳細な情報を得ようとすることも必要だが、そのユーザの技術的知識が少ない場合は、正確かつ適切なトラブル情報は得られないかもしれない。

このような場合は、自分の手元で再現試験を行うところから始まる。ユーザが見えないと言ってい

第 7 章　UNIX システム管理

るページが自分で見えるかどうか。自分の環境で見えるのであれば、ネットワークに問題はないのか。

以下では、サーバ自身に問題があるケースと、ネットワークに問題があるケースのトラブルシュートを、順番に述べる。

7.8.4 プロセス状態の確認

サーバに問題がないかを調査するために、最初はサービスを提供しているマシンへログインする。ログインできれば、最低限そのマシンが起動していることが確認できる。

ログインしたら、サーバプロセスが動作しているかどうかを調べる。多くの Linux システムの場合は以下のように実行すれば、プロセスが動作しているかどうかがわかる（例では Web サーバなので、httpd を調べている）。

```
% ps -ef | grep httpd
```

ps コマンドは BSD 系と SystemV 系で引数が大きく異なるため、他の OS の場合は指定する引数を変更する必要があるかもしれない。

また、プロセスの名称が httpd 以外であれば、上記の httpd を別の文字列にすることで、同様に調査ができる。

Linux であれば、root 権限を持った状態で以下のコマンドを実行すると、サービスの稼働状況が表示される。

```
# service httpd status
```

しかし、この方法はサーバプロセスの状態ファイルなどを調べているため、サーバが異常終了した場合などに正確に反映されない場合があるので注意していただきたい。

もしサーバプロセスが稼働していなかったら、ひとまず起動してしまうのが解決方法の 1 つである。多くの場合ユーザはサービスの迅速な復旧を望んでいる。起動することにより、発生している不具合が解消したなら、その後時間をかけてプロセス停止の原因などを調べればよい。

ただし、ネットワーク経由の不正侵入を受けた場合には、プログラムファイルが置き換えられている可能性がある。このようなケースでは、無闇にプログラムを実行するべきでないので注意が必要だ。

さて、調査の結果、もしプロセスが稼働しているようだったら、不具合の原因は別にあることになる。

7.8.5 ifconfig

ifconfig コマンドは、ネットワークインターフェイスの設定を行うコマンドであると同時に、インターフェイスの状態を表示する。

```
% ifconfig -a
```

ないし

118

```
% ifconfig [interface]
```

と実行すると、インターフェイスの状態が表示される。

　表示結果には OS によって違いがあるが、稼働状態（UP しているか否か）、設定されているアドレスなどは必ず含まれているので、設定されているアドレスの正当性などを確認できる。

　また Linux ではパケットの送受信数も表示されるため、サービスを行うためにネットワーク通信が行われているか（送受信カウンタが適正な値で上昇しているか）も確認できる。

7.8.6 netstat

　netstat コマンドは、そのホストのネットワークの使用状況を表示する。

　netstat コマンドを引数無しで実行した場合は、現在通信中のセッションの情報しか得られないが、-a オプションを指定すると、待ち受け状態の情報も表示される。表示結果の state の値が LISTEN になっているものが、待ち受け状態のセッションである。

　Local Address の部分の最後は待ち受けポートの情報になるので、HTTP サーバの状態を調べるには、http(80) や https(443) になっているものを探す。エントリがあれば、HTTP サービスが外部からの接続を待ち受けている状態であることが確認できる。エントリがない場合は、サービスが提供できていない状態となる。

　事前にプロセスの存在を確認しているのであれば、現在のプロセスをいったん終了させて、再起動することで、問題が解消する場合がある。

　netstat コマンドに-r オプションを指定すると、そのホストのルーティング情報を表示する。これの結果を基に、ホストの経路表が適切に設定されているかを確認できる。動的経路プロトコルを利用していない場合に、経路情報が不適切になっていたのであれば、原因を探る必要がある。

7.8.7 lsof

　lsof コマンドは、標準ではインストールされていないかもしれない。このコマンドは、現在稼働中のプロセスがどのファイルをオープンしているかを表示する。lsof コマンドにより、プロセスが正しいファイル（デバイスファイルやソケットも含む）をオープンしているか否かを確認できる。

　-i オプションを指定することで、プロセスがオープンしているポートを調べることもできる。netstat の-a オプションに似ているが、lsof コマンドの場合はプロセスも表示されるので、正しいプロセスが正しいポートをオープンしているか否かがわかる。たとえば、http(80) ポートがオープンしているかどうか（LISTEN 状態になっているか）は netstat -a でわかるが、そのポートを使っているのが httpd かどうかは lsof でないとわからない。なお、GNU の netstat であれば netstat -tulp で lsof -i に相当する情報を表示できる。

7.8.8 ping

ここまでは、サーバ側に問題がある可能性の調査方法について述べた。以降では、サーバ自身には異常が見られず、ネットワーク通信上の問題に原因がありそうな場合を想定する。

最初に登場するのが、ping コマンドである。

```
% ping [hostname]
```

上記のように実行すると、実行したホストから、引数に指定したホストに対しパケットを送出し、それに対して返答があったかどうかを表示する。

通常は返答があるため、実行したホストと対象のホスト同士が正しく通信できる状態であることを確認できる。

ただし昨今では、ファイアウォール等の設定で ping で使用している ICMP パケットを遮断している場合が多くある。このような場合は、ping コマンドに対する応答が得られない。途中経路のネットワーク構成を把握していて、疎通があるべきと断言できる場合ならともかく、そうでないインターネット経由の場合は、ping コマンドは応答があった場合に正常だという判断を導くための道具だと考えたほうがよい。

7.8.9 traceroute

traceroute コマンドは、対象となるマシンへの経路をたどって表示する。

```
% traceroute [hostname]
```

上記のように実行することで、実行したホストから、引数に指定したホストまでの途中にあるルータを順番に表示する。

指定したホストまで表示が進めば、経路的な問題はないということになる。

ただし、ping コマンド同様にファイアウォール等で traceroute で使用しているパケットがフィルタされている場合もあるため、指定したホストまで表示されない場合であっても、経路に問題ありと断定はできない。

7.8.10 telnet

telnet は、元々はローカルのマシンからリモートのマシンにログインするためのコマンドであった。しかし、TELNET プロトコルは端末操作の内容が暗号化されずにネットワークを流れるため、この目的でインターネット経由で使われることは現在では少ない。

一方、telnet コマンドは接続先ポートを指定して、汎用の TCP クライアントとして使うこともできる。

リモートマシンの http ポートに接続したい場合は、

```
% telnet [hostname] http
```

あるいは

```
% telnet [hostname] 80
```

とポートを指定する。

ping や traceroute の場合と異なり、実際に接続できるはずのサービスに接続するため、ネットワークに問題があるのか、ユーザのアプリケーションに問題があるのかの切り分けがしやすくなる。

TCP 通信の内容を直接操作できるため、プロトコルを理解していれば、HTTP や SMTP でサーバと対話し、Web ページの取得やメールの送信を実際に行って動作を確認するという目的にも使える。

7.8.11 tcpdumpとwireshark

ネットワークサービスに関するトラブルの調査では、実際にネットワークに流れているパケットを調べることも有益な情報源となりうる。その際に有効なのが、パケットキャプチャツールである。tcpdump はコマンドラインで実行するパケットキャプチャの基本ツールで、wireshark は GUI で操作する応用ツールである。

tcpdump と wireshark は共通のライブラリ（libpcap）を使用しているため、たとえば tcpdump でキャプチャしたパケットをファイルに保存し、それを wireshark で表示させることも可能である。wireshark は UNIX だけでなく、Windows や Mac OS X でも動作するため、UNIX サーバ上でキャプチャしたファイルを、Windows/Mac OS X のクライアントマシンに転送し、そちらで解析を行うといった手法もとれる。

パケットキャプチャを行う場合、すべてのパケットをキャプチャしてしまうと、注目すべきパケットが不要なパケットに埋もれてしまう。適切なフィルタを設定し、不要なパケットをなるべく取り込まないようにすることが重要である。いったんすべてのパケットをキャプチャしておき、表示する際にフィルタを設定するという使い方もとれる。

フィルタ設定として、IP アドレスの指定、ポート番号の指定、インターフェイスの指定などが可能で、複数を合わせて使うこともできる。

tcpdump 自身にもある程度のパケット解析機能が付属しているが、wireshark にはより強力な解析機能がついている。調査対象のプロトコルに対してそれほどの知識を持っていなくても、ある程度現象を追求することが可能である。

7.8.12 デバッグ的手法

オプションの指定や設定は規定通りなのに動作が意図通りにならない場合や、通常の調査方法では十分な情報が得られないといった場合は、デバッグ的手法を用いる方法もある。

すなわち、ソフトウェアの外部的ふるまいを観察するのではなく、内部の動作や実装を調査する方法である。

ソースコードが入手可能なら、ソースコードを解析して調査を行う。ptrace/strace 等のデバッグツールを用いて、実行中の内部動作を解析する方法もある。

7.8.13 トラブルシュートのまとめ

以上、トラブルシュートを行う際に、一般的によく用いられる手法を紹介してきた。実際にトラブル発生の場面に遭遇すると、さまざまな状況が引き起こされることがある。こういった場合にもっとも役に立つのは、結局のところ経験と知識と、両者に裏打ちされた勘である。

経験の浅い人が丸一日掛かっても解決できなかったことが、経験豊富な人が見たらものの数分で解決するということもよくある。

最初の内はなかなか自分自身で解決できない事象が多いとは思うが、経験を積んで早急な対応ができるようになることを目指していただきたい。

第2部

プログラミング環境編

第8章 UNIXプログラミング環境

8.1 プログラミング環境概要

　第2部ではUNIXにおけるプログラミング環境について解説を行う。とは言え、本書はいわゆるプログラミングを学ぶ書籍ではないこともあり、個々の言語については深くは立ち入らない。UNIX的プログラミングアプローチなどを述べるに留める。

　本章ではまずはじめに、UNIXプログラミング環境の特徴や、OSごとのコマンド類の違い、さらにはプログラミングに用いられる言語についての説明を行う。

8.1.1 UNIXプログラミング環境の特徴

ツールボックスアプローチ

　プログラミング環境には、大別して2つの種類がある。

　一方は、NetBeans[*1]やEclipse[*2]のようなIDE（Integrated Development Environment：統合開発環境）と呼ばれるソフトウェアを使う方法だ。IDEは豊富な機能でプログラマの負担を軽減[*3]してくれる。反面、必要と考えられる機能を一通り備えているため、計算機資源の消費が大きく、資源の乏しい計算機では起動できなかったり、起動できても常用するにあたり問題が発生する場合がある。また、あらかじめ用意されている機能しか使えない[*4]ため、かえって生産効率が低下する場合もある。このように、必要と想定される機能をすべて用意し、1つのソフトウェアとしてまとめる方法をキッチンシンクアプローチと呼ぶ。

　もう一方は、単機能のソフトウェアを豊富に用意しておき、これらを必要に応じて組み合わせて使う方法だ。単機能のソフトウェアを組み合わせて使用するため、足りない機能を補うソフトウェアを作成したり、動作変更のため一部のソフトウェアを修正したりといった作業が比較的容易に行える。

1　http://www.netbeans.org/index.html
2　http://www.eclipse.org/
3　わかりやすい例として、GUIビルダ機能を備えている環境は、複雑なGUIアプリケーション作成の大幅な負担軽減になる。
4　IDEにはプラグインによる機能拡張機能を備えているものもあり、これにより問題を解決できる場合がある。

第 8 章　UNIX プログラミング環境

反面、用意した各ソフトウェアの機能および仕様を一通り理解しておかなければ適切な組み合わせを構成できず、同じ機能を持つソフトウェアをいくつも作成したり、単機能で実現可能なことを複数の組み合わせで実現したりといった無駄[5]が生じる。この方法をツールボックスアプローチと呼ぶ。

UNIX プログラミング環境の多くは、ツールボックスアプローチの発想に基づいている。

プログラミング可能なシェル

UNIX マシンにログインしてからログアウトするまで対話的に利用するシェルは、単にコマンドを投入するためだけの環境ではない。if 文や while 文のような制御構造のためのコマンドを持つインタープリタでもある。UNIX コマンドをいくつか組み合わせて作業を自動化したい、という場合に力を発揮する。プログラミング言語を使わずとも、シェルの機能だけで必要なプログラムができあがることもよくあることだ。

シェルの機能を使ったプログラム（シェルスクリプト）は、開発業務だけでなく、運用業務でも役に立つ。UNIX の起動処理[6]でも、多くのシェルスクリプトが使われている。

「１行プログラム」が書ける

シェルがプログラミング可能といっても、何十行もある大きなプログラムを作らなければならないわけではない。日常的な使い方では、2、3 のコマンドを組み合わせただけの 1 行プログラムで求める結果を得られることも多くある。わずか 1 行で完結するプログラムを「ワンライナー」と呼び、いろいろな定石がある。

オンラインマニュアルがある

コマンドの使い方を確認したいときには、その場でオンラインマニュアルを参照するためのコマンドを入力して調べることができる。

man
UNIX の標準的なオンラインマニュアルのコマンド。man **コマンド名**と入力して参照する。man コマンドについて調べるには man man と入力する。

GNU info
GNU Project[7]が提供するソフトウェアの場合、info コマンドでより詳細な情報を得ることができる。

-h, --help
コマンドの種類によるが、引数に-h や--help を指定することにより、簡単なヘルプメッセージを参照できる場合がある。

5　追加・変更が容易に行えることによる安易な車輪の再開発。
6　多くが/bin/sh ベースで記述されているので、他のシェルを使う方でも/bin/sh は学習しておくべきだ。
7　http://www.gnu.org/

なお、オンラインマニュアルには各コマンドの他、システムコール、ライブラリ関数のマニュアルも存在する。UNIX のマニュアルに ls(1) のような表記があれば、それは「マニュアルのセクション1 の ls」を意味する。同様に、システムコールは open(2)、C ライブラリ関数は fopen(3C) のような表記となる。

また、各マニュアルセクションには intro というセクションの導入用のマニュアルが存在するので、そちらも参照しておくとよいだろう。intro(2) を参照するには、以下のように入力する。

```
% man -s 2 intro
```

8.1.2 主なコマンドの配置

前述したとおり、UNIX 系 OS には類似点と相異点がある。たとえば、コマンドの配置はさまざまな理由のため、OS ごとに異なることがある。また、1 つのホストの中においても、同じ名前なのに挙動が微妙に異なるコマンドが複数存在することがある。

UNIX のプログラミング環境を使いこなすには、コマンドの配置をある程度理解しておく必要がある。以下では Ubuntu 12.04 と FreeBSD 8.0 RELEASE を例として、コマンドの一覧を示す。なお、一部のコマンドについては Ubuntu は apt で、FreeBSD は Ports でインストールを行った場合を前提としている。

表 8-1　Ubuntu, FreeBSD 上のコマンド

		Ubuntu	FreeBSD
コンパイラ	GNU コンパイラ	/usr/bin/gcc	/usr/bin/gcc
make	GNU make	/usr/bin/make	/usr/local/bin/gmake
デバッガ	GNU デバッガ	/usr/bin/gdb	/usr/bin/gdb
バージョン管理システム	RCS	/usr/bin/rcs	/usr/bin/rcs
	CVS	/usr/bin/cvs	/usr/bin/cvs
	Subversion	/usr/bin/svn	/usr/local/bin/svn
	Git	/usr/bin/git	/usr/local/bin/git
フィルタ系コマンド		/bin/grep	/usr/bin/grep
		/bin/egrep	/usr/bin/egrep
		/bin/fgrep	/usr/bin/fgrep
		/bin/sed	/usr/bin/sed
		/usr/bin/awk	/usr/bin/awk
		/usr/bin/gawk	/usr/local/bin/gawk
Java 環境		/usr/lib/jvm	/usr/local/jdk1.6.0
インタプリタ	Perl	/usr/bin/perl	/usr/bin/perl
	Python	/usr/bin/python	/usr/local/bin/python
	PHP	/usr/bin/php	/usr/local/bin/php
	Ruby	/usr/bin/ruby	/usr/local/bin/ruby
シェル	sh	/bin/sh	/bin/sh

bash	/bin/bash	/usr/local/bin/bash
tcsh	/bin/tcsh	/bin/tcsh
csh	/bin/csh	/bin/csh
ksh	/bin/ksh	/usr/local/bin/ksh93
zsh	/bin/zsh	/usr/local/bin/zsh

8.1.3 代表的なプログラミング言語

UNIX で使用可能な代表的なプログラミング言語を以下に列挙する。

C

1972 年に Brian W. Kernighan、Dennis M. Ritchie によって、UNIX 開発用に開発された言語。

- 演算子、データ型、制御構造が豊富
- 移植性が高い
- ハードウェア寄りの低水準な処理を記述することも可能

→ UNIX では開発の基本という位置付けで利用される。デバイスドライバ、組み込み系の開発では必須。

C++

C 言語にオブジェクト指向的な拡張を施した言語。

- C 言語の上位互換（C++の処理系を用いて C 言語での開発も可能）
- 言語仕様が豊富なため、使いこなすのが難しいと言われている
- STL（Standard Template Library）を使用したプログラミング

→実行時の性能が重視されるシステムで、後述の Java の代わりに採用されることが多い。

Java

サン・マイクロシステムズが開発したオブジェクト指向プログラミング言語。

- Java プログラムは Java 仮想マシンによって実行される
- Java 仮想マシンが各プラットフォームの違いを吸収し、どこでも同じ Java プログラムを実行できる（Write Once, Run Anywhere）
- Java 仮想マシン上で実行するため、動作速度が遅い
- セキュリティ機能やネットワーク機能が豊富

→動作速度よりも、開発スピードや動作プラットフォームに重点を置いた開発に利用される。

開発や運用の補助的なツールとして、以下のような Lightweight Language（軽量プログラミング

言語）を使用することもある。

Perl

テキストの検索や抽出に向いた言語。後述する Python や Ruby にも影響を与えた。

- 表記形式は C 言語に似ている
- CGI の開発などに使用されることが多い

→ Web アプリケーション開発、テキスト処理、UNIX ツールの開発などに利用される。

Python

Perl とともに欧米で広く普及しているオブジェクト指向言語。

- 言語仕様が小さい
- インデントによるブロック構造

→ システムツールとして広く使われ、一部の Linux ディストリビューションでは、インストーラやパッケージマネージメントツールに Python を使用している。

Ruby

日本人のまつもとゆきひろ氏が開発したオブジェクト指向言語。

- シンプルな文法
- 整数や文字列なども含め、すべてがオブジェクト

→ Ruby on Rails が有名。

また、以下のような言語を使用する機会もあるかもしれない。

Lisp

代表的な関数型言語

- 前置記法
- 括弧を使用したリスト表現で構成
- リストで表現されたプログラムはデータとしても扱える

→ 人工知能など、より知的な処理を目指した研究などに利用されることが多い。Emacs エディタの設定や機能拡張の際にも利用されている。

アセンブリ言語

機械語と概ね 1 対 1 に対応した言語

- テキストで機械語相当の処理を記述することが可能

→ C 言語では生成できない特殊な機械語の生成や、マシン依存の特殊な最適化を行いたい場合に

利用される。

ここに挙げた以外にも、多くの言語が UNIX 上で動作する。

8.1.4 開発ツール

図 8-1 にコンパイル型言語における生成ファイルの遷移と、各ツール（コマンド）が使われるタイミングを示す。

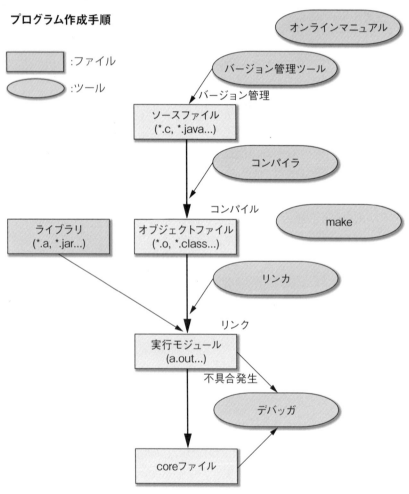

図 8-1　ファイルの遷移と使用ツール

8.1.5 コンパイラ

コンパイラ[8]は、コンパイル対象の言語で書かれたソースファイルから、実行可能なバイナリを生成するプログラムだ。たとえば、C言語のコンパイラであればGCCやClangなどがある。これらはオープンソースのコンパイラだが、ソースが公開されていないコンパイラも多くある。

ソースプログラムが同じであれば、コンパイラによらず得られる動作結果はたいてい同じだ。しかし、各コンパイラの最適化処理等には違いがあるので、プログラムの処理内容によっては実行時の性能に大きな違いが出る可能性がある。

コンパイラ実行時に指定できるオプションにはさまざまなものがある。使用するコンパイラの機能を正しく、有効に使うために、マニュアルをきちんと確認した上で使用していただきたい。

8.1.6 make

make は、ファイルの依存関係やコンパイル、リンクの手順を記述したファイル（Makefile）に基づいて、自動的にこれらの処理を実行するツールだ。

ファイルの依存関係とは、たとえばCのソースファイル foo.c が、ヘッダファイル bar.h をインクルードしているような関係のことだ。foo.c を修正したら再コンパイルを行う必要があるが、foo.c は修正せずに bar.h だけを修正しても、やはり再コンパイルが必要だ。しかし foo.c と bar.h のどちらも修正していなければ、再コンパイルは不要だ。make はこのような判断を自動的に行い、コンパイル作業を効率化する。

make には複数の実装があり、基本的な記法・機能に共通部分はあるが拡張機能に大きな違いがあるため、GNU make 用に作成された Makefile は BSD や Solaris の make では正しく扱えない場合もある。

そのため開発プロジェクトで make を使用する場合は、開発対象としている make で動作確認をするよう注意する必要がある。

8.1.7 デバッガ

デバッガとは、プログラムの不具合の原因究明に使用するツールだ。プログラムのデバッグ方法には、机上デバッグ、printf デバッグ、メモリ内ログ出力などさまざまな方法があるが、デバッガを使いこなすことでより簡単に不具合の原因の特定が行える場合がある。

---

8 ここでは、プリプロセス、コンパイル、リンクといった一連の処理を実行するコマンドという意味で使用している。

第 8 章　UNIX プログラミング環境

ソフトウェアデバッガ

　ソフトウェアデバッガは、主に OS の支援によりユーザプログラムのデバッグを行うためのツール
だ。ブレークポイントの設定により特定の地点でプログラムの実行を停止させ、その時点での変数や
レジスタの値の確認や、停止させた地点から 1 ステップずつプログラムを実行することなどが可能だ。
　代表的なデバッガには GNU デバッガ（gdb）があり、非常に多くの機能が提供されている。PC-UNIX
ではたいていの場合標準で提供されているので、使い方を覚えておいたほうがよいだろう。詳しくは
gdb の info を参照していただきたい。

ハードウェアデバッガ

　ソフトウェアデバッガは OS の支援が必要なため、まずは動作する OS がないことには使用するこ
とができない。組み込み開発ではブートローダや OS が使用できない場合もあり、そのような場合の
デバッグを支援するため、ICE や JTAG デバッガが使用される場合がある。
　これらのデバッガは直接 CPU に対して働きかけることでデバッグを行うので、OS が存在しない場
合でも使用することができる。機能としてはソフトウェアデバッガと同様ブレークポイントの設定や
変数表示、ステップ実行などが行えるほか、ターゲットボード上の Flash ROM に対し直接プログラ
ムを書き込む機能を持つものもある。

8.2 C言語による開発実例

　UNIX 環境には、C 言語によるプログラムの開発を支援するコマンドが豊富に用意されている。本
節では、これらのコマンドを扱う上で必要な知識と使い方を、実例とともに紹介し、UNIX 環境で以
下のことができるようになることを目指す。

- ●C ソースコードから実行可能ファイルの生成
- ●make による実行可能ファイル生成の自動化
- ●C プログラムのデバッグ

　ただし本書はプログラミングの教科書ではないので、言語の文法や設計のテクニックは扱わない。
掲載する C のソースコードも、C の知識がなくても読み進められるように、簡易で単純なものばかり
になっている。
　また、前節でも述べたとおり、コマンドの名前や利用目的が同じでも、GNU、BSD、およびその他
の UNIX 系環境で、使い方が微妙に異なる場合がある。ここでは、もっとも入手しやすいと思われる
GNU 環境のコマンドを中心に説明し、必要に応じて他の環境との違いを補足する。

132

8.2.1 Cコンパイラ

Cで書いたソースコードは、それだけでは何の役にも立たない。計算機上で実行できるようにするには、「コンパイル」という作業が必要になる。ccは、Cで書いたソースコードをUNIX環境で実行可能なプログラムにコンパイルするためのコマンドである。

では、実際に確認してみよう。次のソースコードは、hello, worldというメッセージを表示するだけのプログラムだ。これをhello.cという名前のファイルに保存していただきたい。

```c
#include <stdio.h>

int main(void)
{
    printf("hello, world\n");
}
```

ccでhello.cをコンパイルする。

```
% cc hello.c
% ls -l
total 12
-rwxrwxr-x. 1 user group 6393 Dec 18 11:20 a.out
-rw-rw-r--. 1 user group  135 Oct 29 17:02 hello.c
%
```

a.outというファイルは、ccがhello.cをコンパイルして生成した実行可能なファイルだ。a.outを実行して、hello, worldというメッセージが表示されることを確認してみよう。

```
% ./a.out
hello, world
%
```

ccで生成する実行可能なファイルの名前は、デフォルトではa.outになる。ただしこれでは都合が悪いので、通常は生成するファイル名を-o fileという引数で与えて実行する。以下の例では、helloという名前で生成している。

```
% cc -o hello hello.c
% ls -l
total 12
-rwxrwxr-x. 1 user group 6393 Dec 18 11:20 a.out
-rwxrwxr-x. 1 user group 6393 Dec 18 11:20 hello
-rw-rw-r--. 1 user group  135 Oct 29 17:02 hello.c
% ./hello
hello, world
%
```

133

第 8 章 UNIX プログラミング環境

実際の開発では、単一のソースコードから実行可能ファイルを生成することはほとんどない。通常は、機能によってソースコードを複数に分割して開発する。たとえば次の例では、arith.c には計算用の関数だけを定義し、データの入力と結果の表示は main.c に定義している。

main.c

```
#include <stdio.h>

main()
{
        printf("3 + 5 = %d\n", plus(3, 5));
        printf("3 - 5 = %d\n", minus(3, 5));
}
```

arith.c

```
int plus(int a, int b)
{
        return a + b;
}

int minus(int a, int b)
{
        return a - b;
}
```

これらをコンパイルして calc という実行可能なファイルを生成するには、いくつかの方法がある。1つは、次のように、単にファイル名を列挙するだけだ。

```
% cc -o calc main.c arith.c
```

もう1つは、ソースファイルを1つずつコンパイルして、最後に1つのファイルを作る方法だ（見慣れない引数やファイル名が登場するが、後で説明する）。

```
% cc -c main.c
% cc -c arith.c
% cc -o calc main.o arith.o
```

2つの方法を比べたとき、前者のほうが作業が楽になるように見えるが、実際の開発業務で利用するのは後者だ。個別にコンパイルする利点は、1つのソースコードだけを修正したとき、他のソースコードはコンパイルしなくても済むことだ。ファイルの数が増えれば、それに従ってコンパイルにかかる時間も増加する。近年の高性能な計算機でもそれなりに時間がかかるが、昔の計算機ではさらに時間を費やした。時間の無駄を省くため、コンパイルは個別に実行するほうがよいということだ。

では、ソースコードを1つずつコンパイルする場合の cc コマンドの使い方について、説明を加えておこう。main.c および arith.c をコンパイルする cc コマンドには、-c というオプションを指定し

134

ている。これは、オブジェクトファイルの作成までを行い、リンクを実行しないためのオプションである。オブジェクトファイルとは、マシン語のコードやシンボルテーブルで構成されるバイナリファイルである。-c オプションによって作成するオブジェクトファイルの名前は、ソースファイルのサフィックス.c を.o に置換したものになる。つまり cc -c main.c は main.o を作成し、cc -c arith.c は arith.o を作成する。

　個々のオブジェクトファイルは単独では実行できないが、「リンカ」と呼ばれるコマンドを使って他のオブジェクトファイルやライブラリと結合（リンク）することにより、実行可能なファイルが完成する。最後に実行している cc -o calc main.o arith.o というコマンドは、2 つのオブジェクトファイルをリンクするために、実はリンカを実行しているのだ。

　先に述べたように、オブジェクトファイルは、元のソースコードを修正しない間は再作成する必要はない。たとえば、main.c を書き換えて plus 関数を呼び出す処理を追加した場合は、cc -c main.c を実行して main.o を作り直さなければならないが、arith.o はそのままでよい。この後、cc -o calc main.o arith.o を実行すれば、main.c の修正を反映した calc が完成する。

　なお、ソースファイルを直接修正していない場合でも、そのソースファイルがインクルードしているヘッダファイルを修正した場合は、オブジェクトファイルの再作成が必要だ。また、上記の calc のように、実行可能ファイルはオブジェクトファイルの再作成に伴って、リンクの再実行が必要になる。ソースファイルを個別にコンパイルする方法では、コンパイル漏れがないように、ファイルの依存関係に留意しなければならない。

　さて、-c オプションを説明したついでに、よく利用する cc コマンドのオプションをいくつか紹介しておこう。-g は、デバッグ情報を生成するためのオプションである。このオプションを指定して生成したプログラムは、ソフトウェアデバッガを使ったデバッグが可能だ。開発中のプログラムには実に多くのバグが潜んでいる。原因調査のために、デバッグ情報は欠かせない。ただし、デバッグ情報を含むオブジェクトファイルは大きくなりがちで、通常の実行には余計な情報だ。このため、製品として出荷するプログラムをコンパイルするときは、-g を指定しない。デバッガを用いた C プログラムのデバッグについては後で説明する。

　また、-Wall というオプションを使うと、コンパイルするソースコードの問題点を警告するメッセージを出力する。今回の例では意図的に警告が出るようなコードにしているが、プログラムの品質を高めるためには常に-Wall を付与した上で警告が出ない状態を維持すべきだ。

```
% cc -Wall -o calc main.c arith.c
main.c: In function 'main':
main.c:5:2: warning: implicit declaration of function 'plus'
 [-Wimplicit-function-declaration]
main.c:6:2: warning: implicit declaration of function 'minus'
 [-Wimplicit-function-declaration]
main.c:7:1: warning: control reaches end of non-void function [-Wreturn-type]
%
```

8.2.2 makeによるコンパイルの自動化

makeを使うと、上記のようなコンパイル作業を依存関係に基づいて自動的に必要なファイルのみをコンパイルして生成することができる。

まず、Makefileを作成する。

```
CFLAGS = -g
OBJS = main.o arith.o

all: calc

calc: $(OBJS)
        cc $(CFLAGS) -o $@ $(OBJS)

clean:
        rm -f calc $(OBJS)
```

注：Makefileを記述する際、コマンドを記述する行の先頭にはスペースではなくタブ文字（TAB）を記述していただきたい。

上記のうち、行頭に記述したall、calc、cleanを「ターゲット」と呼ぶ。ターゲットをmakeコマンドの引数に指定すると、そのターゲットに記述した処理と、そのターゲットが依存するターゲットに記述した処理を再帰的に実行する。

makeコマンドを実行する。

```
% make
cc -g   -c -o main.o main.c
cc -g   -c -o arith.o arith.c
cc -g -o calc main.o arith.o
% make clean
rm -f calc main.o arith.o
```

最初のmakeコマンドの実行ではターゲットを指定していない。この場合は、Makefileの最初に登場するターゲット（all）を実行する。allはターゲットcalcに依存しているので、calcも実行する。2番目のmakeコマンドでは、ターゲットcleanを指定しているので、rm -f calc main.o arith.oが実行されている。

ところで、上記のMakefileには、main.oをターゲットとする記述がない。しかし実行例では、cc -c main.cを実行している。これは、「サフィックスルール」という暗黙のルールによって実現している。

たとえば、main.oは通常main.cから生成する。そして、.cというサフィックスから.oというサフィックスを持つファイルを作成する場合、ファイルの作成手順はたいてい同じようなもの（つまりcc -c）になる。このような決まりきった手順はシステムであらかじめ定義されているため、Makefile

には記述する必要がない。

定義済みのサフィックスルール、マクロは以下の手順で確認できる。

```
% make -p
# GNU Make 3.81
（省略）
# default
OUTPUT_OPTION = -o $@
（省略）
# default
SUFFIXES := .out .a .ln .o .c .cc .C .cpp .p .f .F .r .y .l .s .S .mod .sym .def .h .info
 .dvi .tex .texinfo .texi .txinfo .w .ch .web .sh .elc .el
# default
CC = cc
（省略）
# default
COMPILE.c = $(CC) $(CFLAGS) $(CPPFLAGS) $(TARGET_ARCH) -c
（省略）
%.o: %.c
#  commands to execute (built-in):
        $(COMPILE.c) $(OUTPUT_OPTION) $<
（省略）
```

8.2.3 Cプログラムのデバッグ

以下のCプログラムをgdbを使用して、ステップ実行してみよう。

```
#include <stdio.h>

int
main(int argc, char *argv[])
{
        int i, j, k;

        i = 1;
        j = -20;
        k = 128;

        printf("Hello, World!\n");
        printf("i = %d, j = %d, k = %d\n", i, j, k);

        return 0;
}
```

まず、上記のソースコードをファイルに保存してコンパイルし、a.outを作成する。この際-gオプ

第8章 UNIXプログラミング環境

ションの指定を忘れないこと。次に、生成したa.outをgdbを使って実行する。

(gdb) というプロンプトが表示されたら、以下の実行例のようにgdbコマンドを入力して、プログラムの動作を確認してほしい。なお、変数i, j, kは初期化をしていないので、代入前は実行例と異なる値が表示される場合がある。

```
% gdb a.out
GNU gdb (Ubuntu/Linaro 7.4-2012.04-0ubuntu2.1) 7.4-2012.04
Copyright (C) 2012 Free Software Foundation, Inc.
License GPLv3+: GNU GPL version 3 or later <http://gnu.org/licenses/gpl.html>
This is free software: you are free to change and redistribute it.
There is NO WARRANTY, to the extent permitted by law.  Type "show copying"
and "show warranty" for details.
This GDB was configured as "x86_64-linux-gnu".
For bug reporting instructions, please see:
<http://bugs.launchpad.net/gdb-linaro/>...
Reading symbols from /home/inajima/a.out...done.
(gdb) break main
Breakpoint 1 at 0x400553: file g.c, line 8.
(gdb) run
Starting program: /home/lecstaff/a.out

Breakpoint 1, main (argc=1, argv=0x7fffffffe688) at g.c:8
8               i = 1;
(gdb) print i
$1 = 32767
(gdb) step
9               j = -20;
(gdb) print i
$2 = 1
(gdb) print j
$3 = 0
(gdb) step
10              k = 128;
(gdb) print j
$4 = -20
(gdb) continue
Continuing.
Hello, World!
i = 1, j = -20, k = 128
[Inferior 1 (process 30055) exited normally]
(gdb)
```

138

よく使うコマンドを以下に示す。

run

　プログラムを実行する。

break

　ブレークポイントを設定する。

continue

　プログラムの実行を再開する。

bt

　スタックトレースを出力する。

step

　1 ステップずつ実行する。関数を呼び出した場合、その関数の先頭で停止する。

next

　1 ステップずつ実行する。関数を呼び出した場合、その関数から戻ったところで停止する。

print 変数名

　変数の値を表示する。

print 変数名=値

　変数の値を変更する。

disp 変数名

　プログラムが停止したときに、その変数の値を表示する。

info reg

　レジスタの値を表示する。

x/nx address

　address 番地から n ワード分 16 進ダンプする。

finish

　現在の関数から戻るまで実行し、戻ったところで停止する。

return [n]

　現在の関数から即座に戻る。戻り値を指定することも可能。

quit

　gdb を終了する。

8.3 Javaによる開発実例

8.3.1 JDK

Javaの開発には、統合開発環境であるEclipseや、ビルドツールであるAnt, Mavenといった多数のツールが使用できる。これらは機能も非常に豊富である。

しかし本章では、Java環境の基本を学ぶ意味で、JDK（Java SE Development Kit）に含まれているコマンドラインツールだけを使用したJavaプログラムのコンパイルと実行方法を紹介する。

JDKによる開発では、主に以下のコマンドを使用する。

- javac - コンパイラ
- java - Java仮想マシン
- jdb - デバッガ
- jar - Javaアーカイブ（JAR）作成
- javadoc - APIドキュメントジェネレータ

Java言語で記述したソースファイル（*.java）をjavacでコンパイルすると、クラスファイル（*.class）が生成される。mainメソッドが定義されているクラスは、Java仮想マシン上で動かすことができる。

Java仮想マシンを起動するにはjavaコマンドを使用する。ただし引数に指定するのは、クラスファイル名ではなくクラス名である。javaコマンドの代わりにjdbコマンドを使用すると、Javaデバッガによるデバッグを行うことができる。

cc（Cコンパイラ）とは違い、javacには複数のクラスファイルを1つの実行形式ファイルにまとめる機能はない。代わりに、jarコマンドを使ってJARファイル（*.jar）を生成する。JARファイルを使って実行するには、javaコマンドの-jarオプションの引数にJARファイル名を指定する。

javadocの利用方法は第10章「ソースコードからのドキュメントの作成」を参照してほしい。

8.3.2 Javaプログラムのコンパイル・実行

例として、/home/lecstaff/tmp/ディレクトリに展開されている以下のJavaのコードをコンパイルする。

```
/home/lecstaff/tmp/sample/Main.java
/home/lecstaff/tmp/sample/Robot.java
/home/lecstaff/tmp/sample/Greetings.java
/home/lecstaff/tmp/sample/en/GreetingsImpl.java
/home/lecstaff/tmp/sample/ja/GreetingsImpl.java
```

Javaでは、ソースファイルを配置しているディレクトリの名前をパッケージ名として使用する。以下の例ではsample、sample.ja、sample.enをJavaのパッケージ名として使用しているため、上記のようなディレクトリ構成となっている。

ソースコードは以下のとおり。

sample/Main.java

```java
package sample;

import sample.ja.*;
import sample.en.*;

public class Main
{
    public static void main(String[] args) {
        Robot american = new Robot(new sample.en.GreetingsImpl());
        Robot japanese = new Robot(new sample.ja.GreetingsImpl());

        System.out.println("*** American ***");
        american.sayHello();
        System.out.println("*** Japanese ***");
        japanese.sayHello();
    }
}
```

sample/Robot.java

```java
package sample;

public class Robot
{
    private Greetings greetings;

    public Robot(Greetings greetings) {
        this.greetings = greetings;
    }

    public void sayHello() {
        greetings.hello();
    }
}
```

sample/Greetings.java

```java
package sample;

public interface Greetings {
```

```java
    public void goodMorning();
    public void hello();
    public void goodNight();
    public void goodBye();
}
```

sample/ja/GreetingsImpl.java

```java
package sample.ja;

import sample.Greetings;

public class GreetingsImpl implements Greetings {
    public void goodMorning() {
        System.out.println("おはよう 。");
    }
    public void hello() {
        System.out.println("こんにちは 。");
    }
    public void goodNight() {
        System.out.println("おやすみ 。");
    }
    public void goodBye() {
        System.out.println("さようなら 。");
    }
}
```

sample/en/GreetingsImpl.java

```java
package sample.en;

import sample.Greetings;

public class GreetingsImpl implements Greetings {
    public void goodMorning() {
        System.out.println("Good morning.");
    }
    public void hello() {
        System.out.println("Hello.");
    }
    public void goodNight() {
        System.out.println("Good night.");
    }
    public void goodBye() {
        System.out.println("Good-bye.");
    }
}
```

コンパイルは、/home/lecstaff/tmp/ディレクトリで実行する必要がある。各ファイルの import 文によって依存関係のあるファイルを探索するので、javac の引数に sample/Main.java を指定するだけで、すべてのファイルがコンパイルされる。

```
% cd /home/lecstaff/tmp/
% javac sample/Main.java
```

実行方法は以下のとおり。

```
% java sample.Main
```

javac、java いずれも -help オプションで詳細な使用方法を確認することができる。

8.4 LL言語による開発実例

8.4.1 はじめに

LL 言語とは Lightweight Language と呼ばれるプログラミング言語の総称だ。日本語では軽量言語と直訳されることもあるが、ここでいう軽量とは動作が軽い、レスポンスが速いといった意味ではなく、開発しやすい、開発スピードが速いといった意味合いで使われる。

LL 言語の多くは既存の C 言語に対するアンチテーゼの意味合いを持って開発された。C 言語では変数が型を持ち、コンパイラがそれをチェックして型が異なる変数への代入などはコンパイラがエラーまたは警告を発する。

これはしっかりとしたプログラミングを行うために必要な仕組みだが、プログラマにとって不便な面もある。たとえば、ある変数に整数値を入れたとしよう。この変数値がどの値を取るのかを出力させて確認するという単純な処理でさえ、C 言語では整数型から文字列型（厳密には文字の配列）に変換した上で表示させる処理を組み込まなくてはならない。

果たしてここでプログラマがやりたかったことは何だろうか？　整数型を文字列型に変換することだろうか？　そうではなく単に変数の値を表示させたかっただけだ。変数の型変換といったプログラム言語上の制約による処理をなるべく自動的に行うようにして、プログラマはもっと本当に書きたい処理に注力するべきだ、という思想の元に LL 言語は開発されてきた。

そのため、ほとんどの LL 言語では型による制約は非常にゆるいものになっている。たとえば Perl では$n という変数に 1 を代入し、それを+1 した結果を出力するといったプログラムは次のようになる。

```
$n=1;
$n++;
print $n;
```

ここでは変数$n を使用しているが、そもそもこの変数の宣言がない。いきなり使用できる。1 を代

143

第8章　UNIX プログラミング環境

入し、それをインクリメントしていることから明らかに$n は整数を保持する変数ということになる。けれどもその後に print という関数を用いて、数値を直接表示している。print は表示する関数ということを Perl の処理系が知っているため、整数は十進文字列として出力するべきだということが自動的に判断され、結果として表示されるわけだ。

　このように変数の型といったものを内部で管理し、動的に判断するために多くの LL 言語はインタープリタとして実装されてきた。インタープリタ言語はコンパイラ言語と異なり、プログラムソースを実行時にそのつど解釈する方式を指す。コンパイラ言語はプログラムソースをコンピュータの CPU が直接解釈できる機械語コード（バイナリとも呼ばれる）に変換するが、インタープリタ言語では機械語への変換は基本的に行われず、プログラムソースをそのつど解釈してインタープリタ自体がプログラムソースに成り代わって CPU 上の命令を実行する。

　そのため、実行速度の面では C 言語に代表されるコンパイラ言語よりも低速だ。しかし、近年ではインタープリタでありながら、中間言語や機械語への翻訳を内部で自動的に行い処理速度を向上させる技術などが進歩したこと、コンピュータの処理速度自体も大幅に向上したことにより、LL 言語が遅いという問題は徐々に改善されている。

8.4.2 Perl環境

　ここでは Perl を例に LL 言語での開発の実例を紹介する。

　perl コマンドは/usr/local/bin/perl にインストールされているとする。perl のライブラリはコマンドと同じ prefix の lib/perl5 以下（ここでは/usr/local/lib/perl5）に通常は配置されるので、既存のライブラリを探す場合はこの中を覗いてみてもいいだろう。

8.4.3 Perlプログラムの実行

　簡単なプログラム sample.pl を作成する。

　#!/usr/local/bin/perl

　print "Hello, World!\n";

　作成したプログラムは、以下のようにコンパイルなしで実行できる。

```
% perl sample.pl
Hello, World!
```

　また、以下のようにファイルを直接実行することもできる。

```
% chmod u+x sample.pl
% ./sample.pl
Hello, World!
```

プログラムの1行目

```
#!/usr/local/bin/perl
```

は、ファイルが直接実行された場合に/usr/local/bin/perl を使用してプログラムを解釈させよ、という意味になる。

　しかし上記の方法だと環境により perl コマンドの絶対パスを書き換えなければいけないので、1行目を以下のようにする場合もある。

```
#!/usr/bin/env perl
```

　このようにすると、PATH 環境変数に応じて実行されるべき perl コマンドが決定されるので、絶対パスで記述する必要がなくなる。/usr/bin/env はたいていの Unix には存在するため、perl コマンドのインストール場所が異なるシステムにおいてもプログラムの修正なく実行することができる。

第9章 バージョン管理システム

9.1 バージョン管理システムとは

　バージョン管理システムとは、ファイルの変更履歴を記録するシステムだ。変更履歴を記録することで、以下の機能を提供してくれる。

- 「何の」修正を行ったのか調べることができる
- 「だれが」その修正を行ったのか調べることができる
- 「いつ」その修正を行ったのか調べることができる
- 「なぜ」その修正を行ったのか調べることができる[1]
- ファイルを過去の状態に戻すことができる

　バージョン管理システムが有用な例として、バグの原因を調査するケースがある。ファイルを過去の状態に戻すことにより、どの変更を行ってからバグが発生するようになったかを調べることができる。そして、バグが発生するようになった変更を特定できれば、その変更内容に絞って調査を行うことができる。

　また、ほとんどのバージョン管理システムでは複数人での開発作業をサポートする機能が備わっている。この機能は非常に強力で、複数人で開発を行う場合にはバージョン管理システムによるサポートが必須と言っても過言ではない。

　単純に複数の作業者で同じ対象を編集する場合には、以下の問題が発生する。

- 同じファイルを複数の作業者が同時に編集して、片方の変更が上書きされ削除されてしまう。
- 複数の作業者が同時に編集作業を行った場合、編集対象が別のファイルであっても、編集対象全体としての整合性が取れなくなる可能性がある。
  - たとえば、作業者Aが利用していない関数があったため削除したとする。この時に同時にそ

1　ただし、修正理由の記述は任意だ。修正を行った人は修正理由を記録するように心がけよう。

の関数を新たに利用するコードを作業者Bが記述していると、全体として整合性が取れなくなる。

● コンパイルなどが意図しないタイミングで実行されるため、不都合が生じる。

○ たとえば、ダンプしたコアファイルをデバッカで解析しようとしたところ、他のユーザが実行ファイルを更新してしまい、解析ができなくなるということがある。

複数人での開発をサポートするバージョン管理システムを使えば、これらの問題はほぼ解決する。

9.2 バージョン管理システムの種類

代表的なバージョン管理システムを紹介する。

SCCS（Source Code Control System）
もっとも初期のバージョン管理システム。単一のファイルを管理する。ただし、機能が少ないため、実際に使用する機会は少ないと思う。

RCS（Revision Control System）
SCCSに代わるバージョン管理システムとして作られた。現在では、ソフトウェアの開発に利用する機会はあまりないが、運用・保守業務ではアプリケーションの設定ファイルをRCSで管理することがある。

CVS（Concurrent Versions System）
大規模な開発のためのバージョン管理システムとして作られた。ディレクトリツリーの再帰的なアクセスやタグ機能により、多数のファイルをまとめて管理できるようになっている。また、リポジトリをリモートマシンに配置することもできる。

Subversion
CVSの欠点を改善するために作られた。たとえば、ディレクトリツリーの構造そのものの変更に関する履歴も記録が可能になった。

Git
Linuxカーネルの開発者リーナス・トーバルズによって開発された分散型バージョン管理システムだ。

9.3 バージョン管理システムの使い方

ここでは RCS、Subversion、Git の利用方法をそれぞれ簡単に説明する。

9.3.1 RCSの使い方

RCS では単一のファイルの変更履歴を記録、管理する。ここでは、例として以下の内容の hello.c の変更履歴の管理を行いながら RCS の利用方法を説明する。

```
#include <stdio.h>

int main(int argc, char** argv)
{
    printf("Hello World!\n");
    return 0;
}
```

9.3.2 RCSディレクトリの作成

RCS にて変更履歴を記録するファイルを「RCS ファイル」と呼ぶ。RCS ファイルのファイル名は**対象のファイル名,v だ**。RCS ファイルは管理対象のファイルと同じディレクトリに生成されるが、RCS という名称のディレクトリが管理対象のファイルと同じディレクトリにあると、そのディレクトリ以下に生成される。

そのため、まずは管理したいファイルがあるディレクトリに RCS という名前のサブディレクトリを作成する。

```
% ls
hello.c
% mkdir RCS
% ls
RCS  hello.c
```

RCS ディレクトリを作成しなくても RCS を利用することはできるが、履歴を記憶したファイルが管理対象のファイルと同じディレクトリに作成され見通しが悪くなる。

9.3.3 RCSファイルの作成

つぎに RCS ファイルを作成する。管理ファイルの作成には ci -u を利用する。RCS ファイルには、対象のファイルの内容がバージョン 1.1 として記録される。このとき表示される>>というプロンプトに

第9章 バージョン管理システム

は、管理対象のファイルの説明を入力する。説明の入力はピリオド.のみの行を入力すると完了する。

hello.cの変更履歴を記録する管理ファイルの作成を行ってみる。

```
% ls RCS
% ci -u hello.c
RCS/hello.c,v  <--  hello.c
enter description, terminated with single '.' or end of file:
NOTE: This is NOT the log message!
>> Hello World.
>> .
initial revision: 1.1
done
% ls RCS
hello.c,v
```

9.3.4 ロックの取得

RCSファイルの作成後に、hello.cのパーミッションを確認すると書き込み権限がない。

```
% ls -l
total 8
-r--r--r-- 1 lecstaff lecstaff  100 Feb 10 15:08 hello.c
drwxr-xr-x 2 lecstaff lecstaff 4096 Feb 10 15:08 RCS
```

RCSではファイルを複数のユーザが同時に編集するのを防ぐために、ロック機構を採用している。そのため、編集を行うにはロックを取得する必要がある。ロックはco -lコマンドで取得することができる。

co -lコマンドでファイルをロックし、エディタで編集する。

```
% co -l hello.c
RCS/hello.c,v  -->  hello.c
revision 1.1 (locked)
done
% ls -l
total 8
-rw-r--r-- 1 lecstaff lecstaff  100 Feb 10 15:08 hello.c
drwxr-xr-x 2 lecstaff lecstaff 4096 Feb 10 15:08 RCS
% vi, emacs or ... # エディタで編集
```

hello.cに対して書き込みが可能になっている。このとき、他のユーザがロックを取得していると、ロックの取得に失敗する。

150

9.3.5 差分の確認

rcsdiff コマンドを実行すると、変更前の内容との差分を確認することができる。

```
% rcsdiff -u hello.c
===================================================================
RCS file: RCS/hello.c,v
retrieving revision 1.1
diff -u -r1.1 hello.c
--- hello.c     2014/02/10 06:12:02      1.1
+++ hello.c     2014/02/10 06:12:02
@@ -2,6 +2,6 @@

 int main(int argc, char** argv)
 {
-    printf("Hello World!\n");
+    printf("Hello -- modify -- World!\n");
     return 0;
 }
```

Hello の後ろに-- modify --という文字が追加されていることがわかる。

9.3.6 変更内容の記録

変更した内容を RCS ファイルに登録するため、ci コマンドを実行する。このとき表示される>>というプロンプトには、変更理由に関するコメントを入力する。

```
% ci -u hello.c
RCS/hello.c,v  <--  hello.c
new revision: 1.2; previous revision: 1.1
enter log message, terminated with single '.' or end of file:
>> COMMENT.
>> .
done
```

-uオプションをつけると、取得していたロックを解放する。引き続きロックを保持する場合には-lオプションをつける。

まとめると、RCS では管理対象のファイルを編集する際に以下の手順で作業を行う。

1. ロックの取得（co -l）
2. 実際の対象ファイルの編集（vi, emacs or ...）
3. 変更の記録とロックの解放（ci -u）

151

第 9 章　バージョン管理システム

　編集後のロックの解放を忘れて、他のユーザがロックを取得できず編集できなくなるというトラブルが起きやすいため、ロックの解放し忘れには注意しよう。

9.3.7 変更履歴の確認

　rlog で変更履歴を確認することができる。

```
% rlog hello.c

RCS file: RCS/hello.c,v
Working file: hello.c
head: 1.2
branch:
locks: strict
access list:
symbolic names:
keyword substitution: kv
total revisions: 2;     selected revisions: 2
description:
Hello World.
----------------------------
revision 1.2
date: 2014/02/10 06:12:02;  author: lecstaff;  state: Exp;  lines: +1 -1
COMMENT.
----------------------------
revision 1.1
date: 2014/02/10 06:12:02;  author: lecstaff;  state: Exp;
Initial revision
=============================================================================
```

　変更を記録した際に、記述したメッセージを確認することができる。

　また、指定したリビジョン間での差分を確認することもできる。rcsdiff に-r オプションでリビジョンを指定すると、そのリビジョンの差分を確認することができる。

　最新のリビジョンとリビジョン 1.1 を比較する。

```
% rcsdiff -u -r1.1 hello.c
===================================================================
RCS file: RCS/hello.c,v
retrieving revision 1.1
diff -u -r1.1 hello.c
--- hello.c     2014/02/10 06:12:02     1.1
+++ hello.c     2014/02/10 06:12:02
@@ -2,6 +2,6 @@

 int main(int argc, char** argv)
```

152

```
    {
-       printf("Hello World!\n");
+       printf("Hello -- modify -- World!\n");
        return 0;
    }
```

リビジョン 1.1 とリビジョン 1.2 を比較する。

```
% rcsdiff -u -r1.1 -r1.2 hello.c
===================================================================
RCS file: RCS/hello.c,v
retrieving revision 1.1
retrieving revision 1.2
diff -u -r1.1 -r1.2
--- hello.c     2014/02/10 06:12:02     1.1
+++ hello.c     2014/02/10 06:12:02     1.2
@@ -2,6 +2,6 @@

 int main(int argc, char** argv)
 {
-       printf("Hello World!\n");
+       printf("Hello -- modify -- World!\n");
        return 0;
 }
```

9.3.8 RCSキーワード置換

RCS ではチェックアウトしたファイルのバージョンや最終修正時刻の情報を、ファイル自体に自動的に埋め込む機能がある。管理対象のファイルにIdのような文字列（キーワード）が含まれていると、RCS はチェックアウト時にこれを以下のような情報に置換する。

```
$Id: hello.c,v 1.2 2014/02/10 06:12:02 lecstaff Exp $
```

9.3.9 まとめ

RCS には次の特徴がある。

- ロック機構により、複数のユーザが同時に変更を行うことができない
- 1ファイルの変更履歴を管理する

逆にいうと、以下の欠点がある。

第9章　バージョン管理システム

- 複数のファイルをまとめて管理することができない
- ロック機構のため、複数のユーザが同時に編集することができない

そのため、現在ではソフトウェア開発で RCS を利用することはほとんどない。

RCS は主に共有マシンでの設定ファイルを管理する目的で利用される。RCS を使うことで履歴の管理と複数のユーザが同時に編集することを防ぐことができる。

RCS についてのより詳しい情報は `man rcsintro` で参照することができる。

9.4 Subversionの使い方

ここでは、「Java による開発実例」で使用した Java のコードを例に Subversion の利用方法を説明する。これらのファイルは/home/lecstaff/tmp 以下にあるものとする。

9.4.1 リポジトリの作成

Subversion では変更履歴を記録する領域を「リポジトリ」と呼ぶ。RCS とは異なり、Subversion リポジトリにはディレクトリ構造を含む複数のファイルの変更履歴をまとめて記録することができる。

リポジトリを作成するには `svnadmin create` コマンドを実行する。以下の例では、/home/lecstaff/svnroot ディレクトリにリポジトリを作成する。

```
% cd /home/lecstaff
% mkdir svnroot
% ls svnroot
% svnadmin create svnroot
% ls svnroot
conf  db  format  hooks  locks  README.txt
```

この段階ではリポジトリは空だ。1 つのファイルも登録されていない。

リポジトリの中のファイルは以下のコマンドで確認することができる。

```
svn ls リポジトリのURL
```

svn ではリポジトリの場所を URL で指定する。作成したリポジトリを指定するには以下の URL を使う。

```
file:///home/lecstaff/svnroot
```

```
$ svn ls file:///home/lecstaff/svnroot # 何も表示されない
```

154

9.4.2 ファイル群のインポート

作成したリポジトリに変更履歴を記録したいファイル群を格納する。ファイル群をリポジトリに格納するには svn import を利用する。svn import の利用方法は以下のとおりだ。

```
svn import インポートするファイル リポジトリのURL
```

プロトコルは同一マシン上であるため、file を指定している。利用可能なプロトコルについては後述する。

tmp/sample 以下のファイル群をリポジトリの lec/trunk 以下にインポートする。

```
% cd tmp
% svn import -m "import initial files" . file:///home/lecstaff/svnroot/lec/trunk
Adding          sample
Adding          sample/ja
Adding          sample/ja/GreetingsImpl.java
Adding          sample/en
Adding          sample/en/GreetingsImpl.java
Adding          sample/Main.java
Adding          sample/Robot.java
Adding          sample/Greetings.java

Committed revision 1.
```

lec/trunk ディレクトリは svn import の実行前に存在しない場合には自動的に作成される。また、-m オプションではログメッセージを指定している。ログメッセージを指定しない場合には、svn コマンドはエディタを起動してログメッセージの入力をユーザに促す。

また、ここで最後に表示されている revision 1 はリビジョンを識別する番号になる。Subversion ではリビジョンの識別子として、最初のリビジョンは1、次のリビジョンは2といったような通し番号を使う。

ファイルをリポジトリに登録した後に、svn ls コマンドでリポジトリの内容を参照すると、ファイルが登録されていることがわかる。

```
% svn -R ls file:///home/lecstaff/svnroot/lec/trunk
sample/
sample/Greetings.java
sample/Main.java
sample/Robot.java
sample/en/
sample/en/GreetingsImpl.java
sample/ja/
sample/ja/GreetingsImpl.java
```

-R オプションはディレクトリの中のファイルを再帰的に表示するためのものだ。

第 9 章 バージョン管理システム

　なお、svn import は、指定対象以下にあるファイルおよびサブディレクトリをリポジトリに取り込む。実行前に余計なファイルやディレクトリがないことを確認していただきたい。

　svn import が成功した後は、svn import の対象にした手元のファイルは不要になるので削除してもかまわない。

9.4.3 チェックアウト

　Subversion でファイルの編集を行う際には、リポジトリから編集対象のファイルをコピーし、そのコピーに対して編集作業を行う。編集作業のためのコピーを「作業コピー（working copy）」と呼ぶ。また、リポジトリから作業コピーを作成する作業を「チェックアウト（check out）」と呼ぶ。

　Subversion では、ユーザ毎に作業コピーを作成することで同時に複数のユーザが編集作業を行うことができる。

　/home/lecstaff/svnroot リポジトリの lec/trunk 以下の内容をチェックアウトしてみよう。作業コピーは/home/lecstaff/work 以下に lec という名称で作成する。

```
% mkdir ~/work
% cd ~/work
% svn checkout file:///home/lecstaff/svnroot/lec/trunk lec
A    lec/sample
A    lec/sample/Greetings.java
A    lec/sample/ja
A    lec/sample/ja/GreetingsImpl.java
A    lec/sample/en
A    lec/sample/en/GreetingsImpl.java
A    lec/sample/Main.java
A    lec/sample/Robot.java
Checked out revision 1.
```

　作業コピーには、.svn という隠し属性のついたディレクトリが存在する。ここにバージョン管理のための情報が格納されている。このディレクトリは変更したり削除したりしないようにしていただきたい。

9.4.4 ファイルの編集とコミット

　作業コピーのファイルを編集しても、リポジトリには影響がない。そのため、作業コピーで編集作業を行った際には、変更をリポジトリに反映させる処理が必要となる。この作業コピーでの変更をリポジトリに反映させることを「コミットする」と表現し、svn commit で実行できる。

　先程、チェックアウトした作業コピーにて、編集作業を行い、変更内容をコミットしてみよう。

　まず、sample.Robot クラスに sayGoodMorning() メソッドを追加し、main() 関数の中で実行する処理を追加する。

156

```
% cd lec
% vi sample/Robot.java # sayGoodMorning() を追加
% vi sample/Main.java # sayGoodMorning() 実行処理を追加
```

ファイル編集後は、どのような修正（ファイルの修正、追加、削除）がコミットされるのか svn status コマンドで確認することができる。

```
% svn status
M        sample/Main.java
M        sample/Robot.java
```

ファイル名の前の文字はファイルの状態を表す。「M」はファイルが変更されたことを表す。つまり、この出力から sample/Main.java および sample/Robot.java が変更されたことがわかる。

具体的な変更内容を確認するには svn diff を利用する。

```
% svn diff
Index: sample/Main.java
===================================================================
--- sample/Main.java    (revision 1)
+++ sample/Main.java    (working copy)
@@ -10,8 +10,10 @@
        Robot japanese = new Robot(new sample.ja.GreetingsImpl());

        System.out.println(''*** American ***'');
+       american.sayGoodMorning();
        american.sayHello();
        System.out.println(''*** Japanese ***'');
+       japanese.sayGoodMorning();
        japanese.sayHello();
    }
 }
Index: sample/Robot.java
===================================================================
--- sample/Robot.java    (revision 1)
+++ sample/Robot.java    (working copy)
@@ -11,4 +11,8 @@
    public void sayHello() {
        greetings.hello();
    }
+
+    public void sayGoodMorning() {
+        greetings.goodMorning();
+    }
 }
```

変更内容に問題がなければ、svn commit コマンドでコミットする。

第 9 章　バージョン管理システム

```
% svn commit -m "Robot に Good Morning と言わせる機能を追加"
Sending        sample/Main.java
Sending        sample/Robot.java
Transmitting file data ..
Committed revision 2.
```

　新規にファイルを作成した場合には svn add でファイルを Subversion の管理下に置くことができる。ただし、svn add しても、次の svn commit を実行するまでは、リポジトリに対してファイルが追加されることはない。

　sample 以下に Parrot.java を追加してみよう。

```
% vi sample/Parrot.java # 内容を記述する
% svn status
?       sample/Parrot.java
% svn add sample/Parrot.java
A         sample/Parrot.java
% svn status
A       sample/Parrot.java
% svn commit -m "オウムを追加"
Adding         sample/Parrot.java
Transmitting file data .
Committed revision 3.
```

　svn status の表示結果の先頭の文字はファイルの状態を表す。?は Subversion の管理下にないファイル、A は次のコミットで追加するファイルを表す。詳細については svn status --help で調べることができる。

　また、ファイルを削除する場合には svn rm を利用する。ただし、svn rm の実行後、作業コピーにあるファイルは直ちに削除されるが、直ちにリポジトリの中のファイルが削除されることはない。次の svn commit の実行により、リポジトリにてファイルの削除が実行される。

　先ほど追加した sample/Parrot.java を削除してみよう。

```
% svn rm sample/Parrot.java
D          sample/Parrot.java
% svn status
D       sample/Parrot.java
% svn commit -m "オウムを削除"
Deleting        sample/Parrot.java

Committed revision 4.
```

158

9.4.5 変更の取り消し

修正したファイルの内容に問題があり、ファイルを修正前の状態に戻したい場合がある。修正がまだコミットされていないのであれば、svn revert コマンドでファイルを修正前の状態に戻すことができる。

さきほどコミットした sample/Main.java に処理を追加し、svn revert で修正前に戻してみる。

```
% vi sample/Main.java # sayGoodBye() を追加
% svn status
M       sample/Main.java
% svn diff
Index: sample/Main.java
===================================================================
--- sample/Main.java    (revision 2)
+++ sample/Main.java    (working copy)
@@ -15,5 +15,6 @@
        System.out.println(''*** Japanese ***'');
        japanese.sayGoodMorning();
        japanese.sayHello();
+       japanese.sayGoodBye();
    }
 }
% svn revert sample/Main.java
Reverted 'sample/Main.java'
% svn status
% svn diff
```

また、svn revert では svn add や svn rm の実行の結果も取り消すことができる。svn rm を取り消した場合には、作業コピー上で削除されたファイルも元の状態に戻る。

9.4.6 作業コピーの更新

リポジトリに対して、自分以外の人間による変更のコミットがあった場合には、その変更を自分の作業コピーに反映する必要がある。そのためのコマンドとして svn update がある。

```
% svn update
At revision 4.
```

ここでは特に他ユーザの変更がなかったため、リビジョン番号が表示されただけとなっている。

また、引数でリビジョン番号を指定することで作業コピーを過去のバージョンにすることもできる。

159

第 9 章　バージョン管理システム

9.4.7 競合の解消

　変更を svn commit でリポジトリに登録する際に、リポジトリ側に変更が加えられていると失敗する。その場合には、svn update を実行して作業コピーを更新する。この時、リポジトリ側の変更箇所と作業コピー側の変更の変更箇所が別であれば、Subversion によって自動的に両方の変更が適用されたものが作業コピーに生成される。しかし、変更箇所が重なっている場合には、手動での修正が必要となる。

　変更箇所が重なっていることを「変更の競合」と表現する。また、競合した変更を手動で適切な内容に修正することを「競合の解決」と表現する。

　それでは、まず、意図的に競合を作成してみる。具体的な手順は以下の通りだ。

1. ~/work/lec2 に作業コピーを作成する。
2. ~/work/lec2 でファイルに変更を加えて、commit する。
3. ~/work/lec にもどり、~/work/lec2 に加えた変更と同じ行に別の変更を加える。

```
% cd ~/work
% svn checkout file:///home/lecstaff/svnroot/lec/trunk lec2
A    lec2/sample
A    lec2/sample/Greetings.java
A    lec2/sample/ja
A    lec2/sample/ja/GreetingsImpl.java
A    lec2/sample/en
A    lec2/sample/en/GreetingsImpl.java
A    lec2/sample/Main.java
A    lec2/sample/Robot.java
Checked out revision 4.
% cd lec2
% vi sample/en/GreetingsImpl.java
% svn diff
Index: sample/en/GreetingsImpl.java
===================================================================
--- sample/en/GreetingsImpl.java        (revision 4)
+++ sample/en/GreetingsImpl.java        (working copy)
@@ -4,7 +4,7 @@

 public class GreetingsImpl implements Greetings {
     public void goodMorning() {
-        System.out.println("Good morning.");
+        System.out.println("Good morning. -- modified in lec2 --");
     }
```

160

```
        public void hello() {
            System.out.println("Hello.");
% svn commit -m 'lec2で変更'
Sending        sample/en/GreetingsImpl.java
Transmitting file data .
Committed revision 5.
% cd ../lec
% vi sample/en/GreetingsImpl.java
% svn diff
Index: sample/en/GreetingsImpl.java
===================================================================
--- sample/en/GreetingsImpl.java        (revision 4)
+++ sample/en/GreetingsImpl.java        (working copy)
@@ -4,7 +4,7 @@

 public class GreetingsImpl implements Greetings {
     public void goodMorning() {
-        System.out.println("Good morning.");
+        System.out.println("Good morning. -- modified in lec --");
     }
     public void hello() {
         System.out.println("Hello.");
```

その上で、~/work/lec にて svn commit を実行すると失敗する。

```
% svn commit -m 'lecで変更'
Sending        sample/en/GreetingsImpl.java
svn: Commit failed (details follow):
svn: File '/lec/trunk/sample/en/GreetingsImpl.java' is out of date
```

次に、svn update を実行して作業コピーを更新する。実行の結果コンフリクトが検出される。コンフリクトへの対応方法を聞かれるが、ここではひとまず「(p)postpone」(後回しにする) を選択する。

```
% svn update
Conflict discovered in 'sample/en/GreetingsImpl.java'.
Select: (p) postpone, (df) diff-full, (e) edit,
        (mc) mine-conflict, (tc) theirs-conflict,
        (s) show all options: p
C    sample/en/GreetingsImpl.java
Updated to revision 5.
Summary of conflicts:
  Text conflicts: 1
```

コンフリクトが検出された sample/en/GreetingsImpl.java の内容をエディタ等で確認すると以下のように~/work/lec2 で行った変更と~/work/lec で行った変更が並列に記述されている。

第 9 章　バージョン管理システム

```
package sample.en;
import sample.Greetings;

public class GreetingsImpl implements Greetings {
    public void goodMorning() {
<<<<<<< .mine
        System.out.println("Good morning. -- modified in lec --");
=======
        System.out.println("Good morning. -- modified in lec2 --");
>>>>>>> .r5
    }
    public void hello() {
        System.out.println("Hello.");
    }
    public void goodNight() {
        System.out.println("Good night.");
    }
    public void goodBye() {
        System.out.println("Good-bye.");
    }
}
```

ここでは加えた文面を両方残すように変更してみよう。

```
% vi sample/en/GreetingsImpl.java
% svn diff
Index: sample/en/GreetingsImpl.java
===================================================================
--- sample/en/GreetingsImpl.java        (revision 5)
+++ sample/en/GreetingsImpl.java        (working copy)
@@ -4,7 +4,7 @@

 public class GreetingsImpl implements Greetings {
     public void goodMorning() {
-        System.out.println("Good morning. -- modified in lec2 --");
+        System.out.println("Good morning. -- modified in lec -- -- modified in lec2 --");
     }
     public void hello() {
         System.out.println("Hello.");
```

競合を解決した場合に Subersion にそのことを伝えるには svn resolved を利用する。

```
% svn resolved sample/en/GreetingsImpl.java
Resolved conflicted state of 'sample/en/GreetingsImpl.java'
% svn commit -m 'lecで変更'
Sending        sample/en/GreetingsImpl.java
Transmitting file data .
Committed revision 6.
```

9.4.8 リポジトリの指定方法

Subversion では別のマシンにあるリポジトリに対してもアクセスすることが可能だ。そのため、リポジトリの指定方法に URL を使用している。

リポジトリへのアクセス方法は URL スキーマで指定する。Subversion で指定できるスキーマには以下のものがある。

file://

ローカルディスク上のリポジトリにアクセスする場合に指定する。

http://

Apache Web サーバによりリポジトリが公開されている場合に指定する。プロトコルには HTTP の拡張である WebDAV が使用される。

https://

`http://`の接続を SSL により暗号化したものだ。Apache Web サーバに SSL の設定がされていた場合に `https://`が指定できる。

svn://

`svnserve` サーバによりリポジトリが公開されている場合に指定する。`svnserve` は、Subversion 用のシンプルなネットワークサーバだ。接続は暗号化されていないので、主に社内 LAN などでリポジトリを公開する際に使用する。

svn+ssh://

SSH を使用してリモートのリポジトリにアクセスする場合に指定する。

URL スキーマ以降は通常の URL と同様にサーバ名、リポジトリへのパスと続く。ただし、`file://`の場合のみ、サーバ名は `localhost`、もしくは、サーバ名なしで URL を指定する必要がある。

9.5 Gitの利用方法

ここでは Suversion のケースと同様に「Java による開発実例」で使用した Java のコードを例に Git の利用方法を説明する。これらのファイルは**/home/lecstaff/git_work/lec** 以下にあるものとする。

9.5.1 初期設定

Git では利用者の識別に名前とメールアドレスを利用する。そのため、利用する前に自分の名前とメールアドレスを登録する必要がある。

名前は次のコマンドで設定する。

163

第 9 章　バージョン管理システム

```
$ git config --global user.name "Lecture Staff"
```

メールアドレスは次のコマンドで設定する。

```
$ git config --global user.email lec-staff@soum.co.jp
```

これらの設定はホームディレクトリ以下の.gitconfig に保存される。

9.5.2 リポジトリの作成

Git では Subversion 同様に変更履歴を記録する領域をリポジトリと呼ぶ。リポジトリを作成するには git init を利用する。

```
% cd ~/git_work/lec # ソースのあるディレクトリに移動する
% ls -a
.  ..   sample
% git init
Initialized empty Git repository in /home/lecstaff/git_work/lec/.git/
```

Git のリポジトリの実体は.git 以下に生成されている。

```
% ls -a
.  ..  .git  sample
```

Subversion とは異なり、この時点で tmp 以下が作成したリポジトリの作業コピーとして扱われる。しかし、すでにあるファイルが自動的にレポジトリに追加されるわけではない。ファイルの追加は Subversion と同様に add サブコマンドで行う。

```
% git add .
```

ファイルを追加した後に、git commit を使って変更をリポジトリに記憶する。

```
% git commit -m '最初のバージョン'
[master (root-commit) 9b9b0dd] 最初のバージョン
 5 files changed, 75 insertions(+)
 create mode 100644 sample/Greetings.java
 create mode 100644 sample/Main.java
 create mode 100644 sample/Robot.java
 create mode 100644 sample/en/GreetingsImpl.java
 create mode 100644 sample/ja/GreetingsImpl.java
```

注意する点としては、Git では Subversion とは異なり、作業コピーはもとよりリポジトリも個人用であるという点だ。作業対象の複数人での共有方法については後述する。

164

9.5.3 ファイルの編集

　次に、登録したファイルを編集してみる。sample.Robot クラスに sayGoodMorning() メソッドを追加し、main() 関数の中で実行する処理を追加する。

```
% vi sample/Robot.java # sayGoodMorning() を追加
% vi sample/Main.java # sayGoodMorning() 実行処理を追加
```

　ファイル編集後は、どのような修正（ファイルの修正、追加、削除）が行われているのか git status コマンドで確認することができる。

```
% git status
# On branch master
# Changes not staged for commit:
#   (use "git add <file>..." to update what will be committed)
#   (use "git checkout -- <file>..." to discard changes in working directory)
#
#       modified:   sample/Main.java
#       modified:   sample/Robot.java
#
no changes added to commit (use "git add" and/or "git commit -a")
```

　具体的な変更内容を確認するには git diff を利用する。

```
% git --no-pager diff
diff --git a/sample/Main.java b/sample/Main.java
index 1f0ba84..c9cd945 100644
--- a/sample/Main.java
+++ b/sample/Main.java
@@ -10,8 +10,10 @@ public class Main
        Robot japanese = new Robot(new sample.ja.GreetingsImpl());

        System.out.println("*** American ***");
+       american.sayGoodMorning();
        american.sayHello();
        System.out.println("*** Japanese ***");
+       japanese.sayGoodMorning();
        japanese.sayHello();
    }
 }
diff --git a/sample/Robot.java b/sample/Robot.java
index 1a9fbc6..c2256a5 100644
--- a/sample/Robot.java
+++ b/sample/Robot.java
@@ -11,4 +11,8 @@ public class Robot
    public void sayHello() {
        greetings.hello();
```

第 9 章　バージョン管理システム

```
      }
+
+     public void sayGoodMorning() {
+         greetings.goodMorning();
+     }
  }
```

　--no-pager オプションはページャを利用しないようにするオプションだ。git diff ではデフォル
トで less などのページャを利用して差分を表示する。ここでは紙面に乗せやすいように無効として
いる。実際に利用する際には特に付与する必要はない。

　それでは行った変更をリポジトリに登録する。Subversion と異なるのはすでにバージョン管理され
ているファイルを変更した場合であっても、git add を実行する必要がある点だ。Git ではリポジトリ
と作業コピーの中間に「インデックス（index）」という領域があり、git add は作業コピーの内容を
インデックスに登録するという処理を行う。そして、git commit ではインデックスの内容をリポジト
リに記録するという処理になる。そのため、まずは sample/Robot.java と sample/Main.java の変更
をインデックスに追加する。

```
$ git add sample/Robot.java sample/Main.java
```

　ここで git status を実行すると変更がインデックスに格納されていることがわかる。

```
% git status
# On branch master
# Changes to be committed:
#   (use "git reset HEAD <file>..." to unstage)
#
#       modified:   sample/Main.java
#       modified:   sample/Robot.java
#
```

　Changes not staged for commit という状態から Changes to be committed という状態に変わっ
ている。このときに git diff を実行すると差分が表示されない。これは git diff がインデックスと
作業コピーの間の差分を表示しているためだ。インデックスでの変更内容は git diff --cached で確
認することができる。

　変更内容に問題がなければ git commit を使って変更をコミットする。

```
% git commit -m 'Robot に Good Morning と言わせる機能を追加'
[master 4012264] Robot に Good Morning と言わせる機能を追加
 2 files changed, 6 insertions(+)
```

　毎回、登録済みのファイルを git add を使って登録するのは面倒だ。そのため、git commit に-a
オプションをつけると、登録済みファイルの変更のインデックスへの登録と変更のコミットを同時に
行うことができるようになっている。

166

9.5.4 変更の取り消し

インデックスに登録されている変更をキャンセルするには git reset を使用する。

```
% vi sample/Parrot.java # sample/Parrot.javaを記述
% vi sample/Robot.java # sample/Robot.javaに変更を加える
% git add sample/Parrot.java sample/Robot.java
% git status
# On branch master
# Changes to be committed:
#   (use "git reset HEAD <file>..." to unstage)
#
#       new file:   sample/Parrot.java
#       modified:   sample/Robot.java
#
% git reset
Unstaged changes after reset:
M       sample/Robot.java
% git status
# On branch master
# Changes not staged for commit:
#   (use "git add <file>..." to update what will be committed)
#   (use "git checkout -- <file>..." to discard changes in working directory)
#
#       modified:   sample/Robot.java
#
# Untracked files:
#   (use "git add <file>..." to include in what will be committed)
#
#       sample/Parrot.java
no changes added to commit (use "git add" and/or "git commit -a")
```

作業コピー上の変更のすべてをキャンセルする場合には、git reset --hard を使用する。

```
% git reset --hard
HEAD is now at 4012264 Robot に Good Morning と言わせる機能を追加
% git status
# On branch master
# Untracked files:
#   (use "git add <file>..." to include in what will be committed)
#
#       sample/Parrot.java
nothing added to commit but untracked files present (use "git add" to track)
```

第9章 バージョン管理システム

9.5.5 ファイルの削除

ファイルを削除するには git rm を利用する。

```
% git rm sample/ja/GreetingsImpl.java
rm 'sample/ja/GreetingsImpl.java'
```

このコマンドは作業コピーとインデックスから対象のファイルを削除する。そのため、リポジトリへの適用にはコミットが必要だ。

```
% git commit -m '日本語版を削除'
[master 2b7b3d1] 日本語版を削除
 1 file changed, 18 deletions(-)
 delete mode 100644 sample/ja/GreetingsImpl.java
```

9.5.6 履歴の確認

変更履歴を確認するには git log を利用する。

```
% git --no-pager log
commit 2b7b3d16afac267d743805f36a0c82cc403ce9e4
Author: Lecture Staff <lec-staff@soum.co.jp>
Date:   Mon Feb 10 17:04:38 2014 +0900

    日本語版を削除

commit 401226400fed6abde6f53cc596c4a9a7a12ce7e6
Author: Lecture Staff <lec-staff@soum.co.jp>
Date:   Mon Feb 10 17:04:38 2014 +0900

    Robot に Good Morning と言わせる機能を追加

commit 9b9b0dd4749c5a2c78a5d91de4af59687bc8b7ed
Author: Lecture Staff <lec-staff@soum.co.jp>
Date:   Mon Feb 10 17:04:38 2014 +0900

    最初のバージョン
```

2b7b3d16afac267d743805f36a0c82cc403ce9e4 や 401226400fed6abde6f53cc596c4a9a7a12ce7e6 などはリビジョンの識別子だ。Git では格納しているファイル群のチェックサムをリビジョンの識別子として利用する。

9.5.7 ブランチの作成

バージョン管理システムにて、単純に編集作業を行い、変更を記録するという作業を繰り返して行った場合には、それぞれのリビジョンの関係は「最初のリビジョンから、変更を繰り返し、最新のリビジョンにいたる」という1つの流れになる。しかし、ソフトウェア開発ではこの流れが1つでは困る場合もある。そのため、多くのバージョン管理システムでは、この流れを分岐させることが可能となっている[2]。

Gitではこの流れを「ブランチ (branch)」と呼ぶ。Gitでは git branch で現在のブランチの一覧を見ることができる。

```
% git branch
* master
```

master という名称のブランチが1つだけ表示された。Gitでは特に指定のない場合には master という名称のブランチを作成して利用する。

それでは、新しく別のブランチを作成してみよう。ブランチを作成するには git branch に作成するブランチ名を指定する。ここでは morning という名称のブランチを作成する。

```
% git branch morning
% git branch
* master
  morning
```

先頭の*は現在利用しているブランチを表す。現在は master を利用しているため、morning ブランチに切り替える。ブランチの切り替えは git checkout にブランチ名を指定することで行う。

```
% git checkout morning
Switched to branch 'morning'
% git branch
  master
* morning
```

9.5.8 マージ

分岐させたブランチは、統合して両方の変更を含んだものを作成することができる。この作業を「マージ」と呼ぶ。master ブランチと morning ブランチのそれぞれに別の変更を加えた後に、master ブランチに morning ブランチをマージしてみる。

まず、master ブランチに変更を加える。

---

2 RCS や Subversion にもブランチを作成する機能はある。Gitでのみ説明を行っているのは Git では気軽にブランチを作成することができるため、日常的な利用においてブランチを作成するためだ。

169

第9章 バージョン管理システム

```
% git checkout  master
Switched to branch 'master'
% vi sample/Main.java # 変更を加える
% git --no-pager diff
diff --git a/sample/Main.java b/sample/Main.java
index c9cd945..36b1dcf 100644
--- a/sample/Main.java
+++ b/sample/Main.java
@@ -9,7 +9,7 @@ public class Main
         Robot american = new Robot(new sample.en.GreetingsImpl());
         Robot japanese = new Robot(new sample.ja.GreetingsImpl());

-        System.out.println("*** American ***");
+        System.out.println("*** American *** -- modified in master --");
         american.sayGoodMorning();
         american.sayHello();
         System.out.println("*** Japanese ***");
% git commit -a -m 'masterで変更'
[master ab4c963] masterで変更
 1 file changed, 1 insertion(+), 1 deletion(-)
```

次に morning ブランチに変更を加える。

```
% git checkout morning
% vi sample/en/GreetingsImpl.java # sample/en/GreetingsImpl.javaを編集
% git --no-pager diff
diff --git a/sample/en/GreetingsImpl.java b/sample/en/GreetingsImpl.java
index 77dbfd1..1607799 100644
--- a/sample/en/GreetingsImpl.java
+++ b/sample/en/GreetingsImpl.java
@@ -4,7 +4,7 @@ import sample.Greetings;

 public class GreetingsImpl implements Greetings {
     public void goodMorning() {
-        System.out.println("Good morning.");
+        System.out.println("Good morning. -- modified in morning --");
     }
     public void hello() {
         System.out.println("Hello.");
% git commit -a -m 'morningで変更'
[morning fb35cbe] morningで変更
 1 file changed, 1 insertion(+), 1 deletion(-)
```

続いて変更をマージする。マージは git merge を利用する。

```
% git checkout master
Switched to branch 'master'
```

170

```
% git merge -m 'merge morning' morning
Merge made by the 'recursive' strategy.
 sample/en/GreetingsImpl.java |    2 +-
 1 file changed, 1 insertion(+), 1 deletion(-)
% cat sample/en/GreetingsImpl.java # morningブランチの内容が取り込まれていることを確認する
package sample.en;

import sample.Greetings;

public class GreetingsImpl implements Greetings {
    public void goodMorning() {
        System.out.println("Good morning. -- modified in morning --");
    }
    public void hello() {
        System.out.println("Hello.");
    }
    public void goodNight() {
        System.out.println("Good night.");
    }
    public void goodBye() {
        System.out.println("Good-bye.");
    }
}
```

　この作業により master ブランチに morning ブランチで行った変更を取り込むことができた。この時に master で行った変更と morning で行った変更が競合した場合には自動的に変更を取り込むことはできない。

　その場合には、手動での競合の解消が必要となる。たとえば master と morning ブランチに競合する修正を行ったあとに、master に morning のマージを行おうとすると以下のようになる。

```
% git merge morning
Auto-merging sample/Main.java
CONFLICT (content): Merge conflict in sample/Main.java
Automatic merge failed; fix conflicts and then commit the result.
% cat sample/Main.java # 競合したsample/Main.javaの内容を表示する
package sample;

import sample.ja.*;
import sample.en.*;

public class Main
{
    public static void main(String[] args) {
        Robot american = new Robot(new sample.en.GreetingsImpl());
        Robot japanese = new Robot(new sample.ja.GreetingsImpl());
```

第 9 章　バージョン管理システム

```
        System.out.println("*** American *** -- modified in master --");
        american.sayGoodMorning();
        american.sayHello();
<<<<<<< HEAD
        System.out.println("*** Japanese *** -- modified in master --");
=======
        System.out.println("*** Japanese *** -- modified in morning --");
>>>>>>> morning
        japanese.sayGoodMorning();
        japanese.sayHello();
    }
}
```

この場合は手動で解決を行う。

```
% vi sample/Main.java # 手動で競合を解決する。
% git --no-pager diff
diff --cc sample/Main.java
index cb34274,2bcb266..0000000
--- a/sample/Main.java
+++ b/sample/Main.java
@@@ -9,10 -9,10 +9,10 @@@ public class Mai
          Robot american = new Robot(new sample.en.GreetingsImpl());
          Robot japanese = new Robot(new sample.ja.GreetingsImpl());

 -        System.out.println("*** American ***");
 +        System.out.println("*** American *** -- modified in master --");
          american.sayGoodMorning();
          american.sayHello();
-         System.out.println("*** Japanese *** -- modified in master --");
 -        System.out.println("*** Japanese *** -- modified in morning --");
++        System.out.println("*** Japanese *** -- modified in master and morning --");
          japanese.sayGoodMorning();
          japanese.sayHello();
      }
% git add sample/Main.java
% git commit -m 'moringをマージした'
[master d6a04ae] moringをマージした
```

　手動で競合を解決した後は、そのファイルを git add でインデックスに追加し、git commit を実行する。

172

9.5.9 リポジトリの複製

Git では通常は複数のユーザ間でリポジトリは共有されない。Git ではリポジトリを複製することで編集対象を複数のユーザで編集することができる。複製を作成するには `git clone` を利用する。

それでは、先程の作成したリポジトリを複製し lec2 という名称のリポジトリを作成してみよう。

```
% cd ~/git_work
% git clone lec lec2
Cloning into 'lec2'...
done.
```

9.5.10 変更の受け取り

リポジトリを複製した後に、複製元のリポジトリに変更があれば、その変更を受け取る必要がある。別のリポジトリから変更を自分のリポジトリに取り込むには `git pull` を利用する。

tmp リポジトリに変更を加えて、その変更を tmp2 リポジトリから取得する。

```
% cd ~/git_work/lec
% vi sample/Main.java # 変更
% git --no-pager diff
diff --git a/sample/Main.java b/sample/Main.java
index f56ec6a..525fe87 100644
--- a/sample/Main.java
+++ b/sample/Main.java
@@ -9,6 +9,7 @@ public class Main
        Robot american = new Robot(new sample.en.GreetingsImpl());
        Robot japanese = new Robot(new sample.ja.GreetingsImpl());

+       System.out.println("*** add in lec");
        System.out.println("*** American *** -- modified in master --");
        american.sayGoodMorning();
        american.sayHello();
% git commit -a -m 'lecで変更を追加'
[master 582013d] lecで変更を追加
 1 file changed, 1 insertion(+)
% cd ../lec2
% git pull
remote: Counting objects: 7, done.
remote: Compressing objects: 100% (3/3), done.
remote: Total 4 (delta 2), reused 0 (delta 0)
Unpacking objects: 100% (4/4), done.
From /home/lecstaff/git_work/lec
   d6a04ae..582013d  master     -> origin/master
```

173

第9章 バージョン管理システム

```
Updating d6a04ae..582013d
Fast-forward
 sample/Main.java |    1 +
 1 file changed, 1 insertion(+)
% cat sample/Main.java
package sample;

import sample.ja.*;
import sample.en.*;

public class Main
{
    public static void main(String[] args) {
        Robot american = new Robot(new sample.en.GreetingsImpl());
        Robot japanese = new Robot(new sample.ja.GreetingsImpl());

        System.out.println("*** add in lec");
        System.out.println("*** American *** -- modified in master --");
        american.sayGoodMorning();
        american.sayHello();
        System.out.println("*** Japanese *** -- modified in master and morning --");
        japanese.sayGoodMorning();
        japanese.sayHello();
    }
}
```

lec2 にて、lec で追加した System.out.println("*** add in lec"); が追加されていることがわかる。また、それとは逆に複製元のリポジトリに複製先の変更を取り込みたい場合にも、git pull を使うことができる。

まず、lec で git remote add を使って、複製元のリポジトリに対して複製先のリポジトリの場所を登録する。その後に git pull を使って変更を取得する。git remote add の第一引数にはリポジトリを識別するためのエイリアスを指定する。登録のあとは git pull などにこのエイリアスとリモートのブランチを指定する。

```
% cd ../lec
% git remote add lec2 ~/git_work/lec2
% git pull lec2 master
From /home/lecstaff/git_work/lec2
 * branch             master     -> FETCH_HEAD
Already up-to-date.
```

lec2 での git pull ではリモートのエイリアスとブランチを指定せずに実行した。これは git clone で作成したリポジトリでは引数なしで実行した場合に複製元のリポジトリが git pull の対象になるように設定されるためだ。

174

9.5.11 共有リポジトリの作成

作業者が2人程度であればそれぞれの変更を git pull で取得すれば問題なく作業できる。しかし、3人、4人、5人と増えていくとそれぞれのリポジトリから変更を取得するというやり方ではうまくいかない。そこで、1つそれぞれのユーザで共有するリポジトリを作成し、行った変更を共有リポジトリに登録し、他のユーザの変更を取得する場合にはそこから変更を取得するようにする。

まず、共有リポジトリを作成するには git init に--bare および--shared=true オプションをつける。--bare をつけた場合は、作業コピーを持たないリポジトリが作成される。--shared=true を付与すると Git はリポジトリのパーミッションをグループから書き込み可能に設定する。

```
% cd ~/git_work
% git init --bare --shared=true shared_repos.git
Initialized empty shared Git repository in /home/lecstaff/git_work/shared_repos.git/
```

--bare を付与して作成するリポジトリには、サフィックス.git を付与する慣習がある。

リポジトリを作成したら、tmp リポジトリの内容を shared_repos.git に送付する。内容を送付するには git push を利用する。git push には引数としてリモートへのエイリアスとリモートのブランチを指定する。

```
% cd lec
% git remote add origin ../shared_repos.git
% git push origin master
Counting objects: 46, done.
Delta compression using up to 4 threads.
Compressing objects: 100% (33/33), done.
Writing objects: 100% (46/46), 3.83 KiB, done.
Total 46 (delta 20), reused 0 (delta 0)
Unpacking objects: 100% (46/46), done.
To ../shared_repos.git
 * [new branch]      master -> master
```

初回の git push では shared_repos.git リポジトリの内容が空であるため、lec の空の状態からの変更、つまりすべてのリビジョンの内容が送付される。次回以降の git push では、まだ送付していないリビジョンのみ送られる。

毎回、送付先を記述するのは面倒だ。-u オプションを付与することで変更を送付するとともに、デフォルトでの送付先を設定することができる。以降の git push では送付先を指定せずとも-u で指定したときに指定した送付先を利用するようになる。

```
% git push -u origin master
Everything up-to-date
Branch master set up to track remote branch master from origin.
```

第9章 バージョン管理システム

```
% git push  # 送付先としてremote/origin/masterを利用する。
Everything up-to-date
```

以降はこのリポジトリから変更を取得して、このリポジトリに変更を送付する形で作業を行う。

第10章 ソースコードからのドキュメントの作成

10.1 はじめに

　プログラムの開発を行う際には API リファレンスやプログラムの動作に関する文書などを同時に作成することが少なくない。これらの文書の特徴は、関数やクラス等のプログラムの要素とそれに対応する文章がある点だ。このような文章をソースコードとは別に記述すると、ソースコードと文章の間に不整合が生じる可能性が非常に高い。

　特に開発中でソースコードに変更が行われているような状況であれば、ソースコードに対しては変更を行ったがドキュメントは更新していないという状況が起こりがちだ。また、一度発生した不整合を発見するのも困難になる。その上、関数の名前、引数の数や型などソースコード中に記述のある情報をドキュメントに改めて記述するため、二度手間が発生する。

　そこでソースコード中にコメントとして文章を記述し、そこからツールを使ってドキュメントを生成するという方法が有用である。

　この章では、ソースコードからドキュメントを生成するツールについて説明を行う。

10.2 ドキュメント生成ツールの種類

　代表的なドキュメント生成ツールを紹介する。

Doxygen
　多言語対応のドキュメント生成ツールだ。C/C++のソースからドキュメントを作成する場合に利用されることが多い。

Javadoc
　JDK に付属するドキュメント生成ツール。Java 標準 API リファレンスの生成にも利用されている。

PyDoc
　Python に付属するドキュメント生成ツール。

　最近では言語処理系に標準でドキュメント生成ツールが付属していることが多い。

第 10 章　ソースコードからのドキュメントの作成

10.3 ドキュメント生成ツールの利用方法

　ここではドキュメント生成ツールの利用方法の一例として Javadoc の利用方法を解説する。ドキュメントを生成する対象としては「Java による開発実例」で使用した Java のコードを用いる。これらのファイルは/home/lecstaff/tmp 以下にあるものとする。

　Javadoc を利用するには javadoc コマンドを利用する。通常は java や javac コマンドと同じ場所に導入されている。以下のコマンドを実行すると doc 以下に HTML 形式のドキュメントが生成される。

```
% javadoc -public -d doc -sourcepath . sample
```

　-public は public なクラスとメソッド、フィールドのみをドキュメントに含めるようにするためのオプションだ。-d doc は出力先の指定をしている。-sourcepath . はソースファイルがカレントディレクトリ以下にあることを指定している。最後の sample はドキュメントを生成するパッケージ名を指定する。複数のパッケージを指定することが可能だ。

　生成結果の一例として、ここでは Robot クラスのドキュメントを確認してみる（**図 10-1**）。メソッドの一覧などは生成されているが、特に解説文などはない。解説文などはソースコード中にコメントとして記述する必要がある。

　基本的な記述方法は、解説をしたいクラスやメソッドなど要素の前に以下のように/**〜*/という形でコメントを記述する。

```
package sample;

/**
 * 解説文などを記述する
 */
public class Robot {
}
```

　上記の例では中間の行が*で始まっているが、慣習としてこのように記述することが多いだけで必須ではない。このうち最初の文は見出しとして利用される。最初の文の判定は.+空白文字（スペースや改行など）までだ。

```
package sample;

/**
 * 見出し.
 *
 * 詳細説明
 */
public class Robot {
}
```

178

10.3 ドキュメント生成ツールの利用方法

```
パッケージ クラス 階層ツリー 非推奨 API 索引 ヘルプ
前のクラス 次のクラス                           フレームあり フレームなし
概要: 入れ子 | フィールド | コンストラクタ | メソッド    詳細: フィールド | コンストラクタ | メソッド

sample
クラス Robot

java.lang.Object
 └ sample.Robot

public class Robot
extends java.lang.Object

コンストラクタの概要
Robot(Greetings greetings)

メソッドの概要
void  sayHello()

クラス java.lang.Object から継承されたメソッド
equals, getClass, hashCode, notify, notifyAll, toString, wait, wait, wait

コンストラクタの詳細

Robot

public Robot(Greetings greetings)

メソッドの詳細

sayHello

public void sayHello()

パッケージ クラス 階層ツリー 非推奨 API 索引 ヘルプ
前のクラス 次のクラス                           フレームあり フレームなし
概要: 入れ子 | フィールド | コンストラクタ | メソッド    詳細: フィールド | コンストラクタ | メソッド
```

図 10-1 Robot クラスのドキュメント

　また、@から始まる特定の文字列は Javadoc タグと呼び、javadoc へ特別な指示を与える。頻繁に利用するものとして@param、@return、@throws がある。

@param

　以下の形式でメソッドの説明文の中で引数の説明を記述する。

```
@param 仮引数名 説明文
```

@return

　次の形式でメソッドの説明文の中で戻り値の説明を記述する。

```
@return description
```

179

第 10 章　ソースコードからのドキュメントの作成

@throws

次の形式でメソッドの説明文の中で、メソッドが投げる可能性のある例外についての説明を記述する。

@throws 例外の型　説明文

それでは Robot.java について説明を記述してみよう。

sample/Robot.java

```java
package sample;

/**
 * 挨拶をするロボット.
 */
public class Robot
{
    private Greetings greetings;

    /**
     * ロボットを生成します.
     *
     * @param greetings どのような挨拶を行うか
     */
    public Robot(Greetings greetings) {
        this.greetings = greetings;
    }

    /**
     * 昼間の挨拶を行います.
     */
    public void sayHello() {
        greetings.hello();
    }
}
```

再度、javadoc コマンドを実行すると以下のようにコメントで記述した内容が追加されている（**図 10-2**）。

180

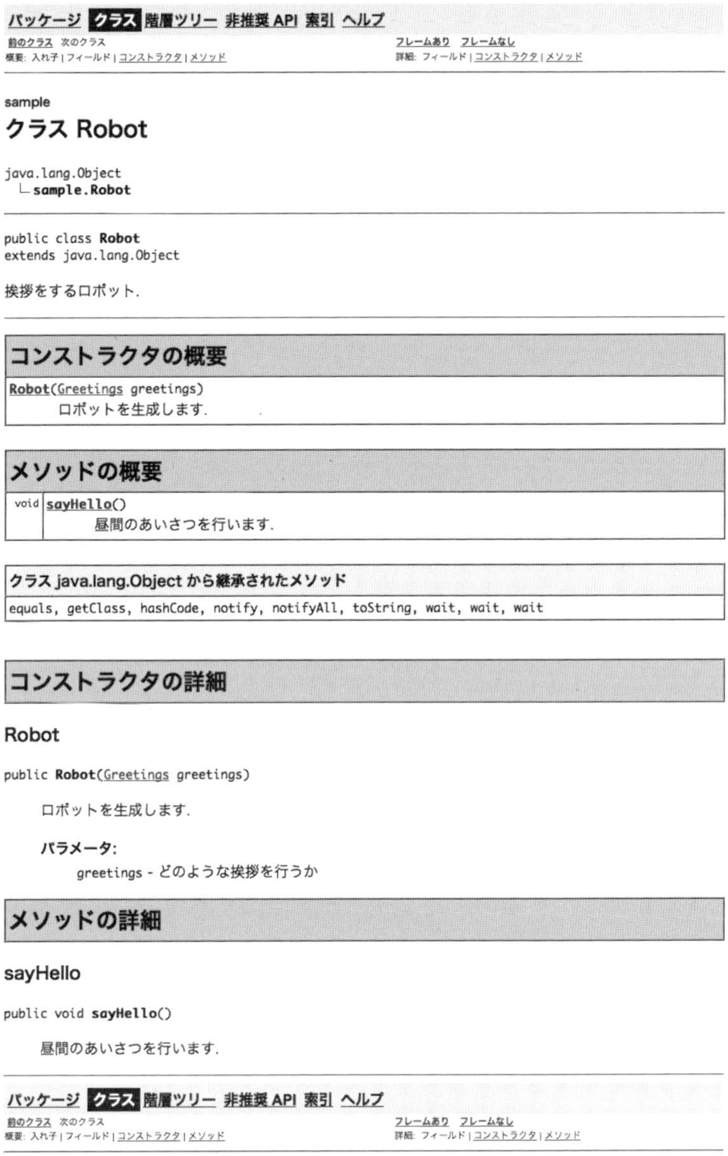

パッケージ **クラス** 階層ツリー **非推奨 API** 索引 ヘルプ

前のクラス 次のクラス
概要: 入れ子 | フィールド | コンストラクタ | メソッド

フレームあり フレームなし
詳細: フィールド | コンストラクタ | メソッド

sample

クラス Robot

java.lang.Object
 └ **sample.Robot**

public class **Robot**
extends java.lang.Object

挨拶をするロボット.

コンストラクタの概要

Robot(Greetings greetings)
　　ロボットを生成します.

メソッドの概要

void **sayHello**()
　　　昼間のあいさつを行います.

クラス java.lang.Object から継承されたメソッド

equals, getClass, hashCode, notify, notifyAll, toString, wait, wait, wait

コンストラクタの詳細

Robot

public **Robot**(Greetings greetings)

　　ロボットを生成します.

　　パラメータ:
　　　greetings - どのような挨拶を行うか

メソッドの詳細

sayHello

public void **sayHello**()

　　昼間のあいさつを行います.

パッケージ **クラス** 階層ツリー **非推奨 API** 索引 ヘルプ

前のクラス 次のクラス
概要: 入れ子 | フィールド | コンストラクタ | メソッド

フレームあり フレームなし
詳細: フィールド | コンストラクタ | メソッド

図 10-2　javadoc コマンドの実行結果

第11章 ソフトウェアライセンス

11.1 ライセンスを考慮する理由

ソフトウェアは著作物であり、書籍などと同様に、著者（製作者）にはそのソフトウェアに関する排他的な権利が与えられる[*1]。

ソフトウェアに関して著者に与えられる権利には、そのソフトウェアの利用を他者に許可するというものが含まれており、このときの条件を記したものがソフトウェアライセンスだ。ソフトウェアライセンスは、日本語では使用許諾契約と訳されることもある。

ソフトウェアライセンスは、定型化されたフォーマットを持っているとは限らない。そのソフトウェアの種類や性質によって、それぞれ必要な条件が記述されている。

そのため、ソフトウェアを使用するにあたっては、どのような条件で何が可能なのかを、十分に検討する必要がある。以下の観点からの検討が有用だろう。

- 使用するユーザに制限があるかどうか
  使用できるユーザが一人だけに制限されていたり、ある集団（企業）に属する人だけに制限されていることがある。
- 使用する目的に制限があるかどうか
  個人の目的での使用に制限されていたり、研究・教育目的での使用に制限されていたりすることがある。
- プログラムの再配布が可能であるかどうか
  プログラムを第三者に再配布することが禁止されていたり、もしくは再配布する場合には、プログラムを受領した人にソースコードへのアクセスを保証することを要求されたりすることがある。
- ソースコードにアクセスすることが可能であるかどうか
  バイナリにしかアクセスできないことがある。また、ソースコードにアクセスするにあたっては、別途秘密保持契約（NDA: Non-disclosure agreement や confidentiality agreement）を締結する必要のあることがある[*2]。

---

1 学問的にはソフトウェアライセンスの法的根拠に関する議論があるようだが、実務的にはソフトウェアライセンスは広く認められている。本章の説明は、実務的な立場にたった説明となっている。
2 ソースコードやその他業務を行う上で知りえた情報を第三者に開示しないとする契約。

第11章　ソフトウェアライセンス

● 期間に制限があるかどうか

たとえばサブスクリプションのように、上記の制限それぞれにおいて、使用可能な期間が設定されていることがある。

11.2 オープンソースライセンス

商用のプログラムでは、プログラムごとに個別のライセンスが設定されることがほとんどだ。

それに対してオープンソースのソフトウェアでは、有名ないくつかのライセンスの中から選択されることが一般的だ。以下では、有名なオープンソースライセンスのいくつかを説明する。

Apache Software License

Apache Software Foundation で使用されているライセンス。BSD License に近い内容になっている。

BSD License

元々は Berkeley Software Distributions（BSD）で使用されたライセンス。いくつかの亜種が存在する。New BSD License および Simplified BSD License は、GNU GPL などと比較して制約が少ないライセンスとして知られている。

Common Public License

IBM で考案されたライセンス。このライセンスは GNU GPL に似ている点があるため、業務で使用する際には取り扱いに注意する必要がある。

GNU General Public License（GNU GPL）

Free Software Foundation で考案されたライセンス。このライセンスには伝染性があるとして知られており、業務で使用する際には取り扱いに注意する必要がある。

GNU Lesser General Public License（GNU LGPL）

Free Software Foundation で考案されたライセンス。GNU GPL より制約が緩くなっている。業務で使用する際には、このライセンスについても取り扱いに注意する必要がある。

MIT License/X11 License

マサチューセッツ工科大学で考案され、MIT X Consortium で使用されているライセンス。このライセンスは X Window System のライセンスとして知られている。

Mozilla Public License

Mozilla Foundation で使用されているライセンス。New BSD License と GNU GPL との中間に位置する内容になっている。

184

第3部

ネットワーク技術編

第12章 UNIXとネットワーク技術

UNIX自身は、本来ネットワーク用のOSとして開発されたわけではなく、ネットワーク技術との直接の関係性も持っていなかった。しかしメーカから提供されるメインフレーム用のOSと違って技術者が自分で手を入れられるOSであったUNIXは、その頃に急速に広まったさまざまなネットワーク技術を開発するためのプラットフォームOSとして、非常に高い存在価値があったと言えるだろう。

12.1 TCP/IP実装の公開と普及

ネットワーク技術にはさまざまなものがあるが、現在もっともよく利用されているTCP/IPと呼ばれるネットワーク技術の普及には、UNIXの発展が大きく関わっていた。

カリフォルニア大学バークレー校[1]のCSRG[2]が1983年にリリースしたDEC VAX用OSである4.2BSD[3]UNIX上に搭載されたTCP/IPフルスタックが、実質的にだれでも参照可能な最初のTCP/IP実装となった。BSD UNIXは、AT&Tベル研究所で開発されたUNIXのオリジナル実装をベースにした改良版であったが、AT&Tベル研究所がオリジナル実装のソースコードを大学などの教育・研究機関に無償で配布したため、少なくとも教員や学生、研究者の間では、それを自由に改良および配布することができた。

つまり最初の完全なTCP/IPフルスタック実装は、現在でいうオープンソースに近い状態で開発されたことになる。そして第三者がソースコードを無償で利用できたことが、その後のTCP/IPの普及に大きな影響を与えた。他のOSへの移植やルータ専用機などへの機能搭載にあたって、4.2BSDのTCP/IP実装は参照用コードとして広く利用された。またこの考え方は、現在のオープンソース文化に引き継がれている。

これにより広まったTCP/IPスタックは、IPv4と呼ばれるバージョン4のインターネットプロトコルを処理する実装であったが、その後IPv4の後継となるIPv6と呼ばれるバージョン6プロトコルを処理する実装を開発する際にも、4.2BSDにならって同じようなやり方が採用された。KAMEプロジェクトは、WIDEプロジェクトと数社からなる共同研究プロジェクトとして、BSD系UNIXへのIPv6

1　University of California,Berkeley、UCB
2　Computer Systems Research Group
3　Berkeley Software Distribution

フルスタック実装の開発および無償公開を行うことを目的として、1998年に立ち上がった。KAMEプロジェクトの成果であるIPv6実装も、参照用コードとして広く利用されている。

12.2 LANとWAN

TCP/IPの普及は、それまでまったく別のネットワーク概念として扱われていたLAN[*4]とWAN[*5]の間の垣根を大きく取り払った。まったく同一のプロトコルやアプリケーションを、LAN上でもWAN上でもシームレスに利用できるようになったのは、TCP/IPというプロトコルアーキテクチャの柔軟さに大きく依存している。

LANは、物理的に限定された範囲内でのみ利用可能なネットワーク環境であり、ある程度以上の速度で通信ができる反面、せいぜい居室内や建物内くらいまでしか利用することができなかった。それに対し電話回線などを使用したWANは、ある程度以上の距離までの通信が可能になる一方、通信速度は非常に低く抑えられた。両者はネットワーク環境としてまったく異質であり、使えるアプリケーションなどは別物として考えるのが一般的な認識とされていた。

しかしながらTCP/IPは、どちらのネットワーク環境でも使える非常に頑強かつ柔軟なプロトコルアーキテクチャであった。これは、当時と比較して数桁以上も通信速度が向上し、また通信ノード数も増加している現在のネットワーク環境においても、未だにTCP/IPプロトコルがほぼそのままの形で利用されていることからも納得できるのではないだろうか。

4.2以降のBSD UNIXあるいはTCP/IPスタックを移植したUNIXを搭載したワークステーションは、1980年代中頃から普及を始め1990年代前半には広く利用されるようになった。いわゆる業務用途にはDOSベースのPCが利用される環境が多かったが、先進的な企業などではUNIXワークステーションを中心にLANを構築し、PCに対してファイル共有などのサービスを提供する環境を組んだりもしていたようである。この状況には、1995年にWindows 95がリリースされたことで少し変化が生じた。

12.3 ネットワーク端末としてのUNIX

Windowsは、PC用としてはもっとも広く普及したOSの1つと言っていい。現在はPCといえばWindowsといってもおおむねまちがいではない。したがってPC上で利用されるネットワークアプリケーションについても、そのほとんどはWindows用ということになる。

一方、MacのOS XやLinuxなどといった非WindowsのPC用OSも、一定のシェアを持っている。それらで利用可能なネットワークアプリケーションも決して少なくはないし、1つのネットワー

---

4 Local Area Network
5 Wide Area Network

クアプリケーションが Windows 用/OS X 用/Linux 用とそれぞれのプラットフォーム用バージョンを同時に提供することも珍しくない。

OS X は、内部的には BSD ベースの UNIX を元に実装された OS であり、基本的に UNIX であるといってまちがいない。Linux が UNIX かどうかについては成り立ちから意見が分かれるが、少なくとも UNIX 互換 OS ではある。つまりネットワークアプリケーションを利用するための PC 用 OS としては、UNIX が Windows に次ぐシェアを持っていると考えて差し支えないだろう。

さらにスマートフォン用の OS としては、iPhone の iOS と Linux ベースの Android OS を合わせれば逆にほぼ100%が UNIX ベースだといえる。いまや販売台数/利用台数ともにスマートフォンがいわゆる PC を大幅に上回っているため、ネットワーク端末用の OS としては、やはり UNIX が主流と言えるのではないだろうか。

第13章 OSI参照モデル

ネットワーク技術を説明する際によく使用されるツールの1つに、OSI 参照モデルというものがある。この節では OSI 参照モデルを軸に、ネットワーク技術の概観を説明する。

13.1 OSI参照モデル

OSI 参照モデル[1]は、国際標準化機構[2]および国際電気標準会議[3]によって策定された、システム間の相互接続のための通信機能を説明するためのモデルである。本書を執筆している時点で、1994/11/15 に発行された第 2 版を 1996/6/15 に改訂したものである、ISO/IEC 7498-1 という文書が公開されている。

OSI 参照モデルの特徴の 1 つに、システム間の相互接続のために用いられる通信機能を 7 つの階層構造（Layer）として説明している点がある。そのため、OSI 参照モデルを Seven layer Model と呼ぶこともある。

OSI 参照モデルは抽象的なモデルであり、特定のシステムのみに適用することを想定しているものではない。OSI 参照モデルに定義された 7 つの階層を、以下に示す。

第 7 層：アプリケーション層（Application Layer、layer7）
第 6 層：プレゼンテーション層（Presentation Layer、layer6）
第 5 層：セッション層（Session Layer、layer5）
第 4 層：トランスポート層（Transport Layer、layer4）
第 3 層：ネットワーク層（Network Layer、layer3）
第 2 層：データリンク層（Data Link Layer、layer2）
第 1 層：物理層（Physical Layer、layer1）

7 つの階層のそれぞれは通信機能の要素を抽象化したものであり、それぞれに異なった機能を分担

1　Open Systems Interconnection – Basic Reference Model
2　International Organization for Standardization、ISO
3　International Electrotechnical Commission、IEC

しつつ全体として1つの通信機能を構成する。各層は個別のプロトコルを持ち、通信相手である対向システムの同レイヤとプロトコルメッセージを交換する。

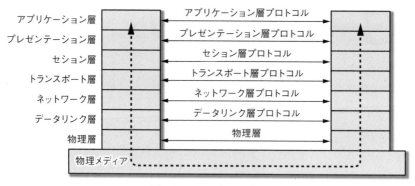

図 13-1　OSI 参照モデル

アプリケーション層

アプリケーション層は、OSI 参照モデルの最上層に位置する。システムで動作するプロセスにとって、システム間の通信機能のエントリポイントとなる層である。

プレゼンテーション層

プレゼンテーション層は、アプリケーション層の下位に位置する。プレゼンテーション層は、アプリケーション層に対して、対向するアプリケーション層とのデータ交換についての統一的なデータ表現形式を提供する。

セッション層

セッション層は、プレゼンテーション層の下位に位置する。セッション層は、プレゼンテーション層に対して、対向するプレゼンテーション層とのデータ交換について、データの編成、到着順序の保証、データ送受タイミングの同期等の機能を提供する。

トランスポート層

トランスポート層は、セッション層の下位に位置する。トランスポート層は、セッション層に対して、対向するセッション層とのデータ交換を透過的に見せる機能を提供する。

ネットワーク層

ネットワーク層は、トランスポート層の下位に位置する。ネットワーク層は、トランスポート層に対して、以下の2つの機能を提供する。

- コネクション指向データ転送（connection-mode transmission）
- 非コネクション指向データ転送（connectionless-mode transmission）

ネットワーク層は、システム間通信の開始・維持・終了の管理を行い、また直接通信が不可能なシステム間の通信の中継も行う。

データリンク層
: データリンク層は、ネットワーク層の下位に位置する。データリンク層は、下層に位置する物理層と協調しながらネットワーク層に対して、データ転送そのものや、データ転送を起因とするデータ誤りの訂正などの機能を提供する。

物理層
: 物理層は、OSI 参照モデルの最下層に位置する。通信ハードウェアそのもの、およびその物理的・電気的特性を表す層である。

13.2 TCP/IPとOSI参照モデル

TCP/IP は、本書を執筆している時点でもっとも普及している通信プロトコルのうちの1つに数えられる。TCP/IP は UNIX 上でも一般的に使用されており、UNIX でもっともよく使用されるネットワークプロトコルの1つである。今日一般的に使用されているネットワークプログラムのうちには、UNIX 上で開発されたものが数多くある。

TCP/IP を OSI 参照モデルで説明すると図 13-2 のようになる。layer5 から layer7 までは明確な対応付けがないが、layer2 から layer4 までは TCP/IP とよく対応している。TCP/IP（もしくは UNIX のネットワーク技術）を説明する際に、layerN という表記はよく使用されるので、各層の役割を覚えておくとよいだろう。

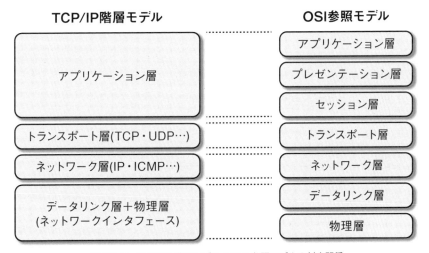

図 13-2　TCP/IP 階層モデルと OSI 参照モデルの対応関係

第14章 データリンク層

　データリンク層の役割は、通信相手との間に敷設された物理的なネットワーク接続（物理層）を使用して、直接に情報の送受信を行うことである。送受信のやり方や通信相手とのやり取りのルールなどはデータリンクの種類ごとに決まっていて、通信を行う双方の機器とその上で動くソフトウェアが同じルールを理解して使うことで、機器間で正しく情報が送受信される。

14.1 データリンクとは

　データリンクが備えるべき機能としては、次のようなものがある。ただしすべてのデータリンクが必ずこれらの機能を全部備えていなければいけないというわけではなく、たとえばデータ転送機能のみしか定義されていないデータリンクがあったり、使用する物理層の特性としてもともと衝突回避機能が必要ないデータリンクがあったりする。

データ転送
: データを転送する。データリンクにおいてもっとも重要な機能。ビットやバイト、フレームなどといった転送する単位や伝送速度、エンコードルールなどが決まっていて、送信側が送出したデータを受信側がきちんと受け取れるようになっている必要がある。

衝突回避
: データリンクが使用する物理層によっては、多数の機器が同一の物理メディアを共用して通信を行う場合がある。そのときに複数の機器が同時に送信を行おうとして衝突し、その結果データ転送が失敗する可能性をなくしたり減らしたりする機能。

誤り検出/訂正
: データ転送時に、物理層における伝送信号の劣化などによってデータの一部や全部が破損あるいは紛失する可能性がある。その場合に冗長符号化などの技術を使って、受信側で受け取ったデータが正しいことを確認する機能。およびデータが壊れていることを検出した場合にそのデータを破棄したり、ある程度の破損であれば受信側で誤りを訂正する機能を含むこともある。

フロー制御
データ転送において、送信データが受信側機器の能力を越えて送られた場合に、受信側がデータを受け取れずに取りこぼすことがある。そのようなときに、送信側に対してデータ送信を遅らせたり一時的に止めてもらったりする要求を行うことで、とりこぼしをできるだけ少なくする機能。

UNIX システムでよく使用されるデータリンクとしては、PC の場合には Ethernet や無線 LAN、PPP（Point-to-Point プロトコル）などがある。サーバの場合はそれらに加え、以前は FDDI/CDDI がよく使われていたが、Ethernet の通信速度が上がったため現在はほとんど使われていない。またスーパーコンピュータやクラスタなど高性能が求められる用途では、通信速度の高い InfiniBand が使われるようになってきている。

14.2 データリンクの基本

データリンクには、1つの物理メディアで機器同士が対向で接続して1対1での通信を行う Point-to-Point 型データリンクと、複数の機器が物理メディアを共用し、1対多の通信を行うことができる Multiple Access 型データリンクがある。

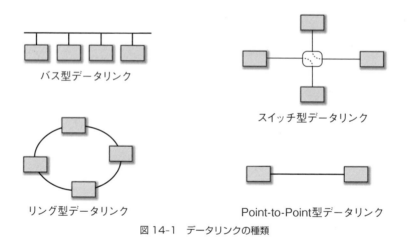

図 14-1　データリンクの種類

Multiple Access 型データリンクにも、1本のバスにすべてのノードがぶら下がるバス型、ノードが1列に連なり全体で1つの輪を描くリング型、ノード間の接続関係を動的に高速に切り替える機構を用意して、通信する間だけ一時的に送信ノードと受信ノードを接続するスイッチ型などがある。

Point-to-Point 型データリンクの場合には、リンク上に自ノードと相手ノードしかいないため、自ノードが送信するときには相手ノードが受信側となり、逆に相手ノードが送信するときには自ノードが受信を行う。いちどきに片方向の通信しか行えないデータリンクを半二重リンク、双方向の通信を

同時に行えるデータリンクを全二重リンクと呼ぶ。

Multiple Access 型データリンクの場合には、リンク上に複数のノードが存在するので、正しい相手と送受信するためにノードを区別するための識別子とその制御のための仕組みが必要となる。この仕組みのことを一般的にはメディアアクセス制御（MAC）と呼び、ノードごとの識別子を MAC アドレスと呼ぶ。Ethernet などで使われる EUI-48 形式の MAC アドレスがよく知られている。

またバス型やリング型の Multiple Access 型データリンクで、複数のノードが同時に送信しようとすると衝突する危険性があるため、衝突を回避するための仕組みがデータリンクによっていくつか用意されている。

CSMA/CD

CSMA/CD（Carrier Sense Multiple Access/Collision Detection）は、送信中に衝突を検出したら送信を中断し、ランダムな待ち時間経過後に再送信を行う機構である。Ethernet などで多く使用されている。

CSMA/CA

CSMA/CA（Carrier Sense Multiple Access/Collision Avoidance）は、送信する前に待ち時間を挿入することで衝突を避ける機構である。無線 LAN などで多く使用されている。

トークン・パッシング

トークン・パッシングは、ノード間で送信権（トークン）を順番に渡していき、送信権を得たノードのみが送信することで衝突を回避する機構である。FDDI やトークンリングなどで使用されている。

多くのデータリンクでは、ある程度のサイズのデータをひとかたまりとして、前後にヘッダとトレーラを付加したフレームと呼ばれる単位でデータ転送を行う。フレームの形式はデータリンクごとに定まっており、データ長も固定長の場合と不定長の場合がある、さらに不定長の場合には最大長や、データリンクによっては最小長が決められていることがある。固定長の場合および最小長が決まっているデータリンクの場合、送信するデータがそれらより短い場合には、残りの部分を無意味なデータで埋めるパディングという処理が行われる。また最大長は一般に MTU（Maximum Transfer Unit）と呼ばれる。MTU は通信効率に大きく影響する値であるため、データリンクを使用する上位層が意識する必要があることが多い。

データ転送時の伝送速度は bps（bits per second）で表され、一般的にはベースバンド（物理層の伝送信号）の通信速度を指すことが多い。実際にはフレーミング処理により誤り検出/訂正用の冗長符号（パリティ、CRC など）を含むヘッダやトレーラが加えられたり、衝突回避やフロー制御により遅延が発生したり、上位層による再送制御や輻輳制御などが行われるため、実質的な伝送レートはベースバンドの通信速度を下回ることになる。

14.3 Ethernet

有線 LAN としては、現在もっとも広く使用されているデータリンクである。ベースバンドの違いにより 10BASE（10Mbps）・100BASE（100Mbps）・1000BASE（1Gbps）・10GBASE（10Gbps）・40GBASE（40Gbps）・100GBASE（100Gbps）などが実用化されている。また使用する物理メディアを表す記号が名称に付加され、たとえばツイストペアケーブルを使う 1Gbps の Ethernet であれば 1000BASE-T、最大長 500m の同軸ケーブルを使う 10Mbps の Ethernet であれば 10BASE-5 などとなる。

同軸ケーブルを使う初期の Ethernet はバス型で、CSMA/CD による衝突回避を必要とするデータリンクであったが、現在一番よく使われているツイストペアケーブル（いわゆる LAN ケーブル）による Ethenet は、衝突が発生しないスイッチ型のデータリンクであることが多い。

14.4 無線LAN

主に Wi-Fi 認証を受けた無線機器同士で、2.4GHz 帯や 5GHz 帯の電波を使って通信を行うことで、Ethernet と同等程度の通信機能を無線で実現したデータリンクである。

無線 LAN は電波を使うため、基本的に衝突を起こす。同じ周波数帯の電波であっても、複数のチャンネルを使うことで同時に複数のデータリンクを使用できるように考えられているが、同一もしくは隣接したチャンネルを使用した通信が相互に干渉し合うことで、衝突が起きることになる。電波の利用が混んでいる場所では、衝突により著しく通信性能が落ちることがある。

また電波を使った通信であることから、第三者が通信内容を容易に傍受できるのも無線 LAN の特徴となる。したがって一般的に無線 LAN では、通信内容の暗号化を行うことが前提となる。暗号化には WEP（64 ビット/128 ビット）・WPA/WPA2（TKIP/AES）など複数の方式があるが、古い方式は短時間で解読が可能なことが多く、使用する通信機器どうしで利用可能な方式のうち、できるだけ新しい方式を選ぶのが安全だろう。

14.5 Point-to-Point接続

Point-to-Point 型となる機器同士の 1 対 1 の接続で、主に PPP（Point-to-Point Protocol）で通信を行うデータリンクである。物理メディアとしてはいろいろなものが使用でき、シリアルケーブルや公衆回線、光ファイバなどを使用する有線接続や、携帯電話網や赤外線などを使用する無線接続の他に、MultipleAccess 型データリンク上での 2 ノード間の通信路を物理メディアの代わりに使用する仮想接続（トンネル接続）などがある。

代表的な仮想接続の例としては、Ethernet 上の 2 台のノードが PPP で通信する PPPoE（PPP over Ethernet）がよく知られている。

基本的に Point-to-Point 型のデータリンクは、遠距離となる二地点間を結ぶ WAN 接続で使用されるか、あるいはリンクアドレスの設定などを必要としない簡易的な近距離通信で使用されることが多い。

WAN 接続で使用される物理メディアとしては、二拠点間で特定の接続回線を占有する専用回線と、複数の拠点が同時に接続している公衆回線がある。また公衆回線にも、通信している間は二拠点間の通信路を論理的に確立した状態とする回線交換方式と、送受信するデータを小さい単位に分けて時分割方式によって同じ回線上で複数の通信を同時多重的に行うパケット交換方式がある。

有線方式の公衆回線としては、次のようなサービスが利用可能である。

- 一般公衆回線（電話回線）
- ISDN 回線
- ADSL 接続
- 光ケーブル
- NTT フレッツ網

また無線方式の公衆回線としては、次のようなサービスが利用可能である。

- 3G 網
- LTE 網
- WiMAX（Wireless MAN）網
- PHS/XGP 網

第15章 IPと関連プロトコル

　IP（Internet Protocol）はコンピュータ同士の通信を行う際に、通信の単位であるパケットの配送を制御するプロトコルである。データリンク層は会話に例えると直接向かいあって話をするイメージだが、IPを使用すると第三者に伝言を頼むことが可能になり、離れた場所にいる人同士がこの伝言者を経由することによってコミュニケーションを取ることができるようになる。IPを使用すると、パケットをより遠くに、より効率的に転送することが可能になる。

　なお、このIPの仕組みと、次章で説明するTCP、UDP等の仕組みを総称して、TCP/IPと呼ばれる。

15.1 IPの基本

　IPを理解する上で非常に重要になるのが「IPアドレス」と「ルーティング（経路制御）」である。IPアドレスは通信を行う各機器の場所を表すのに用いられる。相互に通信を行う2台のコンピュータや、パケットの中継を行うルータに対してそれぞれIPアドレスが割り当てられる。

　IPによる遠く離れた機器同士の通信では、途中にいくつものルータを経由する場合がある（図15-1）。このとき、どのルータを経由して最終的な目的地にパケットを転送していくかを決定し、実際に転送していく制御をルーティングという。

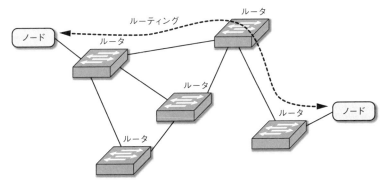

図15-1　パケットのルーティング

第 15 章　IP と関連プロトコル

IP アドレスによって「どこに」、ルーティングによって「どのような経路で」パケットを転送するかを決定することで、離れたコンピュータ間での通信が可能になっている。

15.2 IPv4とIPv6

IP には複数の種類があり、現状では IPv4 と IPv6 の 2 種類が主に使用されている。それぞれ IP バージョン 4 とバージョン 6 で、IPv6 は IPv4 の後継プロトコルである。単に「IP」や「IP アドレス」と言う場合には IPv4 を指すことが多い。

IPv4 ではその仕様上、2^{32}（約 42 億）個の IPv4 アドレスしか扱うことができなかった。しかし IP での通信を行う場合には、各ホストに IP アドレスが必要なほか、ルータには複数のアドレスが必要であり、インターネットが普及するにつれ IP アドレスの数が足りなくなる問題があった（IPv4 アドレス枯渇問題）。

IPv6 はこの問題を根本的に解決するために策定され、2^{128} 個の IPv6 アドレスを扱うことができるよう設計されている。これは 42 億個の IPv6 アドレスを 42 億人に割り当てられる国が 42 億カ国ある地球が 42 億個あってようやく枯渇するくらいの個数であり、事実上なくなることはないと言われている。

15.3 IPアドレス

IP アドレスは各ホストに割り当てられ、パケットの送付元や送付先を示すために使用される。IPv4 のアドレスは、以下のように . で区切られた 4 つの 10 進数で表される。

```
192.168.1.1
```

各数値は 0 から 255 までの値を取る。

IPv6 アドレスは、4 桁の 16 進数の数値を : で 8 つ繋いだ形式で表される。

```
2001:db8:0:0:0:0:0:1
```

0 が続く部分についてはまとめて :: で繋ぐ省略形もある。上記のアドレスは以下のように書くこともできる。

```
2001:db8::1
```

IP アドレスを理解する上では上記アドレスそのものの他に、サブネットの概念も重要になる。サブネットとは、ルータを介さずに直接通信できるネットワークの範囲を表すものである。

IPv4 において 192.168.1.1 から 192.168.1.254 までのアドレスの機器が直接接続されたネットワーク上に存在する場合、192.168.1 がサブネットになる。サブネットの大きさを示す場合に、サブネッ

202

トマスクが用いられる場合とサブネットマスク長が用いられる場合がある。サブネットを用いる場合には、

IP アドレス：192.168.1.1
サブネットマスク：255.255.255.0

とすると、192.168.1.0 がサブネットであるという意味になる。サブネットは数値をすべて 2 進数に直したときに、1 になる場所が固定で、0 になる場所が変動するようなアドレス空間という意味になる。ただし左側に 1 が、右側に 0 が並ぶような形式でしか指定できず、255.0.255.0 のような 1 と 0 が混ざり合うようなサブネットマスクはない。一方サブネットマスク長を使用する場合には以下のように記述する。

192.168.1.1/24

これは先頭から 24 ビットが固定、それ以下の 8 ビットが変動するようなアドレス空間を表す。サブネットマスク 255.255.255.0 と、サブネットマスク長/24 はそれぞれ同じことを意味する。

IPv6 において 2001:db8::1 から 2001:db8:0:0:ffff:ffff:ffff:ffff までのアドレスの機器が直接接続されたネットワーク上に存在する場合、2001:db8:0:0 がサブネットになる。IPv6 ではサブネットマスク長によりサブネットを示す。

2001:db8::1/64

これは先頭から 64 ビットが固定、それ以下の 64 ビットが変動するようなアドレス空間を表す。なお、IPv6 のネットワークアドレス部のことをプレフィックスといい、サブネットマスク長はプレフィックス長とも言う。

15.4 特殊なIPアドレス

特殊な用途に使用される IP アドレスについて、以下に例を挙げておく。
まず、特定用途のアドレスである。

ループバックアドレス
　常に自分自身を指す IP アドレス。ループバックインターフェイス lo0 に設定されることが多い。
　IPv4 の場合は 127.0.0.1、IPv6 の場合は ::1。

ネットワークアドレス
　IP アドレスのうち、サブネットマスクで指定されているビットのみをネットワークパート、残りのビットをホストパートと呼ぶ。

第 15 章　IP と関連プロトコル

ホストパートのビットが全部 0 で、ネットワークパートのみからなる IP アドレスをネットワーク
アドレスと呼び、1 つの通信ホストではなく、繋がっているネットワーク全体を表すときに使う。
IPv4 の場合は 192.168.1.0/24 など、IPv6 の場合は 2001:db8::/64 など。

未定アドレス

まだ IP アドレスが決まっていないネットワークインターフェイスから送出されるパケットの送信
元アドレスに指定する IP アドレス。

IPv4 の場合は 0.0.0.0、IPv6 の場合は ::。

次に、宛先として指定可能なアドレスである。

ユニキャストアドレス

1 台のホスト[1]を指す IP アドレス。パケット送信時に宛先 IP アドレスに指定することで、特定の
1 台のホストに届くことが期待できる。1 対 1 通信用に使用される。

パケットの送信元 IP アドレスには、一部の例外[2]を除き必ずユニキャストアドレスを指定する。

マルチキャストアドレス

0 台以上のホスト[3]からなるグループを指す IP アドレス。パケット送信時に宛先 IP アドレスに指
定することで、グループに属するすべてのホストに届くことが期待できる。1 対多通信用に使用
される。

放送系コンテンツなど複数のホストに同じ内容の通信を同時に提供したい場合や、検索などの目
的である範囲のホスト群に同時に問い合わせ要求を送信したい場合などに使うことが多い。

エニーキャストアドレス

0 台以上のホスト[4]からなるグループを指す IP アドレス。パケット送信時に宛先 IP アドレスに指
定することで、グループに属するホストのうちどれか 1 台に届くことが期待できる。1 対 1 通信
用に使用される。

エニーキャストアドレスを使用する場合には、例外的にネットワーク上に同じ IP アドレスを持つ
ホストが複数台存在することになる。送信したパケットはそれらの中のどれか 1 台[5]に届くよう
にルーティングされるが、どれに届くかを特定することはできない。

DNS サーバなど、どのホストでも同一のサービスを提供しており、パフォーマンス上できるだけ
近いサーバにアクセスするのが望ましい場合などに使用される。

1　正確にはホスト上のネットワークインターフェイス 1 つ。
2　DHCP サーバ検索パケットの送信時など、まだ送信インターフェイスの IP アドレスが決まっていない場合には未定アドレス
　（0.0.0.0）を指定することがある。
3　正確にはホスト上のネットワークインターフェイス 0 個以上。
4　正確にはホスト上のネットワークインターフェイス 0 個以上。
5　通常はネットワーク的にもっとも近い 1 台。

ブロードキャストアドレス

ホストパートのビットに全部1を指定したIPアドレス。送信時に宛先IPアドレスに指定することで、ネットワークパートで指定されるネットワークに接続されているすべてのホストに届くことが期待できる。1対多通信用に使用される。

検索や情報通知などの目的で、ネットワーク内の全ホストに同時に送信したい場合に使うことが多い。

理論的には、リモート環境のネットワークに送信したり、インターネット全体に送信したりすることも可能のように思われるが、実際にはセキュリティ上の観点からそういったブロードキャストアドレスの使用は制限されている。

最後に、アドレスのスコープ（範囲）である。

グローバルアドレス

インターネット上で一意性が保証されているIPアドレス。本来の意味でのIPアドレスの定義。一意性を保証するために、アドレス全体はIANA[6]を中心としたインターネットレジストリグループによって一元的に管理されている。一般のユーザは、レジストリから委譲する形でアドレスブロックの割り振りを受けたISP（プロバイダ）から、ネットワークアドレスもしくはユニキャストアドレスの形でIPアドレスの割り当てを受けて使用可能な状態となる。割り当てを受けていない不正なIPアドレスを使用してはいけない。

IPv4アドレスはIANA在庫が枯渇しているため、割り振りおよび割り当てが厳しくなっている。そのためNAPTなどのアドレス変換技術を使ってIPアドレスの節約をするか、またはIPv6アドレスの導入が求められている。

プライベートアドレス

インターネット上で使用されないことが保証されているIPアドレス。組織内や家庭内、個人環境などで、レジストリからの割り当てを受けずに自由に使用することができる。ただし送信元アドレスや宛先アドレスにプライベートアドレスを指定したパケットを、インターネット上に送出してはいけない。

IPv4では次の3種類のネットワークアドレスが利用可能となっている。

- 10.0.0.0/8
- 172.16.0.0/12
- 192.168.0.0/16

---

6 Internet Assigned Numbers Authority

第 15 章　IP と関連プロトコル

実際の運用時には、NAPT などのアドレス変換技術と併用されることが多い。

IPv6 では `fd00::/8` がユニーク・ローカル・ユニキャスト・アドレス（ULA）として定義されており、IPv4 のプライベートアドレスと同じように使用することができる。

リンクローカルアドレス

同じネットワークアドレスを割り当てる範囲に相当するネットワークリンク上でのみ一意性が保証されている IP アドレス。単一のデータリンクか、もしくは L2 ブリッジなどで接続されている複数のデータリンクからなるネットワークが対象となる。送信元アドレスや宛先アドレスにリンクローカルアドレスを指定したパケットを、ルータを越えてルーティングしてはいけない。

IPv4 の場合は `169.254.0.0/16`、IPv6 の場合は `fe80::/10`。

ISP シェアドアドレス

本来グローバルアドレスの一部として利用可能なネットワークアドレスであるが、プロバイダがユーザに対して割り当てる対象のアドレスとして使用され、アドレス変換技術を使うことでプロバイダの外側（インターネット側）で送受信されるパケットには指定されないことをプロバイダの責任で保証する必要がある。

異なるプロバイダ間、あるいは同一プロバイダであっても別のアクセスポイントの間など、異なる複数のユーザに対して同時に同じアドレスが割り当てられる可能性がある。基本的には、IPv4 アドレス枯渇に伴うアドレス節約技術の一環としてプロバイダ側で運用されるアドレスとなる。定義されているのは IPv4 のみで、`100.64.0.0/10`。

15.5 ルーティング

IP パケットを最終的な目的ホスト（宛先）に正しく転送する制御がルーティングである。

自分から見て、転送先になる中継ルータが 1 台しかない場合、同一データリンクに接続していて直接送信可能な宛先ホスト以外、すべての宛先向けのパケットは全部その中継ルータに転送することになる。この場合転送先として指定する中継ルータをデフォルトルータ、デフォルトルータを指定するルーティングをデフォルトルーティングと呼ぶ。

転送先になる中継ルータが複数ある場合には、通常は宛先 IP アドレスを見てより近いほうの中継ルータを適正な経路と判断してそちらに転送する宛先ルーティングが行われる。どちらが適正かを判断するためには、それぞれの中継ルータの先にあるネットワークの情報を個々に知っておく必要がある。この情報をルーティングインフォメーション（経路情報）と呼び、あらかじめネットワークの構成（トポロジー）を前提に静的に設定しておく方法と、ネットワーク構成の変更にともない動的に更新するために他のルータとルーティングインフォメーションを交換するルーティングプロトコルを運用する方法がある。

206

ルーティングインフォメーションは、宛先ネットワークアドレスと中継ルータの組の形で表形式の情報（ルーティングテーブル）として管理される。パケット送出時にはその表を参照し、宛先ネットワークアドレスにもっとも長くマッチするエントリの中継ルータを転送先として選択する。

また、なんらかの理由により宛先 IP アドレス以外の情報を元にして中継ルータを選択する特殊なルーティングを行う場合がある。たとえばネットワークの利用権限や課金上の制約、あるいは性能上の要請などで、同じ宛先であっても特定のネットワークからのパケットに関しては専用の経路を通す必要がある場合などが考えられる。

15.6 関連プロトコル

IP 自体にはパケットを転送する能力しかないため、実際の通信には協調して使用されるプロトコルがいくつかある。以下ではそれらを紹介していく。

ARP

ARP[7]は、IPv4 アドレスから対応するホストの MAC アドレスを調べるためのプロトコルである。同一サブネット内での通信はデータリンク層で送受信されるが、これは宛先の MAC アドレスを知っている必要があるということになる。しかしアプリケーションレベルでは OS の Socket API を使用するため、通信相手を IP アドレスによって指定する。ここで通信相手の IP アドレスから、通信相手の MAC アドレスを調べる必要があるということだ。

ARP ではデータリンクレベルでのブロードキャストフレームを送信し、直接接続されているすべての機器に対して「こちらは IP アドレス 192.168.1.1、MAC アドレス 00:00:00:00:00:01 です。IP アドレス 192.168.1.2 の方がいらっしゃいましたら、こちらまで MAC アドレスを送信してください」というメッセージを送信する。ここでもし 192.168.1.2 の機器がいる場合にはこの機器からの返答があり、192.168.1.1、192.168.1.2 の機器はそれぞれ通信相手の IP アドレスと MAC アドレスを知ることができる。

ICMP

ICMP[8]は IPv4 を補助するプロトコルである。IP はデータの送受信を目的としているが、ICMP はデータではないコントロールメッセージの送受信を目的としている。コントロールメッセージには、ネットワーク状況の確認を行うものや、エラーのレポートを行うものがある。

たとえば ping コマンドによりネットワークの疎通確認を行う場合には、ICMP のエコー要求およびエコー応答が使用される。また、パケット転送中のルータが受け取ったパケットをこれ以上どこに転送すればよいのかわからない場合には、ICMP の到達不能メッセージを使用して送信元にパケットの不達を知らせる。

---

7 Address Resolution Protocol
8 Internet Control Message Protocol

ICMPv6

ICMPv6 は IPv6 において使用される ARP および ICMP の機能を持つものである。IPv6 では ICMPv6 の Neighbour Discovery（ND）を使用してサブネット内の機器の MAC アドレスの探索を行う。ARP と異なり、データリンク層のブロードキャストではなく IPv6 のマルチキャストにより探索を行う。

その他 IPv6 では ICMPv6 の Router Solicitation および Router Advertisement により、自身が属するサブネットを問い合わせて自身で IPv6 アドレスを決定できる仕組みがあり、後述する DHCP が必須ではなくなっている。

DHCP

DHCP[9]はホストの設定情報を提供するプロトコルである。IP アドレスや DNS サーバなどホストをネットワークに接続して通信可能（運用可能）な状態になるまでの設定情報を取得できるため、事前の手動による初期設定作業などを必要とせずにホストをネットワークに接続することができるようになる。IPv4 用の機能である。

あらかじめネットワーク上の DHCP サーバに IP アドレスプールを用意しておき、ホスト（DHCP クライアント）からの要求に応じてプールの中から動的に IP アドレスを割り当ててリースすることができる。リースが返却された IP アドレスはプールに戻されて再利用される。また MAC アドレスとの対応関係を定義しておくことで、固定割り当てを行うことも可能である。

DHCPv6

IPv6 用の DHCP。IPv4 用の DHCP が単一の IP アドレス割り当てとネットワーク設定情報の提供をまとめて行うのに対し、DHCPv6 では単一の IP アドレス割り当て、ネットワークアドレス（プレフィックス）の委譲、ネットワーク設定情報の提供を行う機能が独立に用意されている。

ネットワークにホストを接続するときには、IPv4 と同じように DHCPv6 で単一の IP アドレス割り当てとネットワーク設定情報の提供を行う方法と、前述した ICMPv6 の Router Advertisement でアドレス自動設定を行う方法がある。ただしアドレス自動設定には IPv6 アドレス自体の設定を行う機能しかなく、その他のネットワーク設定情報は提供されない。その場合 Router Advertisement と、DHCPv6 の機能のうちネットワーク設定情報提供機能のみを併用することができる。

ネットワークにルータを接続するときには、DHCPv6 でプレフィックスを委譲してサブネットにネットワークアドレスを割り当てることができる。

IPsec

IPsec は、IP パケットに付加情報を追加して安全に IP 通信を行えるよう拡張したプロトコルである。機能として AH、ESP、IKE の 3 種類が利用可能である。

AH[10]は、IP パケット全体のハッシュ値をヘッダ情報に付加することで、受信側で IP パケットの内容が壊れていないことを確認するための機能である。主に改ざんの防止用に使われるが、経路

9　Dynamic Host Configuration Protocol

10　Authentication Header

の途中でアドレス変換を適用された場合には改ざんとみなされてしまうため、最近はあまり利用されていない。

ESP[11]は、IP パケットを暗号化する機能である。AH が使われることが少なくなったこともあり、現在では IPsec といえばほぼ ESP 機能のことを指すと考えてよい。暗号化と復号には、送信側と受信側で暗号アルゴリズムや暗号鍵、IV[12]などのパラメータを共有する必要がある。これらのパラメータについては手動で設定する方法と自動で設定する方法がある。

IKE[13]は、AH や ESP と併用し、送信側と受信側とでパラメータの交換や一定期間ごとの自動的な鍵更新を行う機能である。長期に渡って同じ暗号鍵を使い続けるのは安全性の観点から推奨されないため、ある程度以上の期間 IPsec を運用する際には IKE で自動設定するのが望ましい。

---

11 Encapsulated Security Payload
12 Initialization Vector
13 Internet Key Exchange

第16章 TCPとUDP

TCP[1]とUDP[2]はトランスポート層のプロトコルである。トランスポート層では、IPアドレスを持つ機器において、内部で動作するアプリケーションとの通信の橋渡しを行う。

16.1 ポート番号

IPアドレスは通信を行う対象となる機器までしか特定することができない。しかし、ネットワーク通信では異なるホスト上で動作するアプリケーション同士があらかじめ定められた方式（アプリケーションプロトコル）に基づいて通信を行っていくことになる。

ここで、「どのアプリケーションと通信を行うか」を示す番号が、ポート番号である。どのポートを使用するかはアプリケーションが独自に決定することが可能だが、HTTPであれば80番、SSHであれば22番というように、通常デフォルトで使用される番号はアプリケーションごとに決まっている。

HTTPのクライアントはHTTPのサーバのポート80番に接続すれば通信を始めることができるが、このクライアントとサーバの取り次ぎを行うのがトランスポート層の重要な機能である。

16.2 UDP

UDPは単一のデータグラムを送受信する際に使用されるプロトコルである。単純にはIPにポート番号を付加して、特定のアプリケーションに到達するデータの塊を授受できるようにしたものである。

そのため基本的にはIPと同様の制限を持ち、データの到達性等は保証されない。

---

1 Transmission Control Protocol
2 User Datagram Protocol

211

第 16 章　TCP と UDP

16.3 TCP

　TCP は連続するデータストリームの送受信をする際に使用されるプロトコルである。TCP の中に連続性と到達性を保証する仕組みが組み込まれており、信頼性が必要なアプリケーションにおいて使用される。

　アプリケーションは Socket[3]の読み書きを行うだけで、データに欠損がないことや、順序の不整合がないことを保証された状態で、遠隔のアプリケーションとの通信を行うことができる。

　また、TCP には通信状況のコントロールを行う機能も含まれており、たとえばネットワーク上が混雑していてパケットの遅延や欠損が発生した場合には、自動的に通信量を減らしたりすることもできる。

16.4 TCPのコネクション

　TCP では、まず初めにコネクションの確立を行う。これには通信の開始と終了を明確に定めるという意味がある。通信の信頼性を確保するために、実際の通信を始める前に双方が通信を開始する意思を示し、互いにそれを承諾する。

　TCP のコネクションの確立の際には、まず初めに通信を開始するほうのホスト A が SYN パケットを通信を待ち受けるほうのホスト B に送信する。これは A から B に対してコネクションの確立の要求をするという意味になる。次に、B から A に対して SYN/ACK を送信する。これは B からもコネクション確立の要求を行うとともに、A からの要求を承諾するという意味になる。次に A から B からの SYN に対する ACK を返す。コネクション確立時に 3 つのパケットのやり取りが行われることから、この手順のことを「 3 ウェイハンドシェイク」という。

　一方で TCP のコネクションを終了する際には、終了する側のホスト A が FIN パケットを送信する。これを受け取ったホスト B は ACK を返す。また逆に B から FIN を送り A が ACK を返すとコネクションは終了する。開始と違い FIN/ACK を返すモデルとならないのは、FIN が「自分はこれ以上送るデータがない」という意思表示であり、引き続き送られてきたデータの受領は可能なためである。そのため FIN と ACK のやり取りが必ず連続するとは限らない。なお、片方のみが FIN を送った状態をハーフクローズという。

3　アプリケーションが TCP や UDP を使用して通信する場合には、通信元と通信先の IP アドレスとポート番号から作成される Socket という識別子を使用する。

212

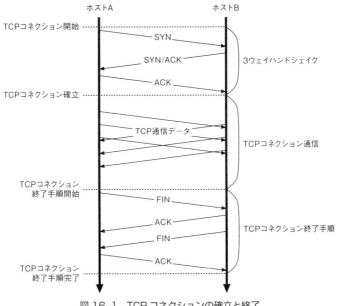

図 16-1　TCP コネクションの確立と終了

16.5 TCPの通信

　TCP では切れ目のない連続したデータを扱えるが、実際のデータの送受信は IP レイヤにおいてパケット単位に分割される。これを TCP レイヤで結合し、連続データであるかのようにアプリケーションに提供していく。

　ここでデータを分割していく際に、分割した単位でのデータの順番がわからなくなると、受信側でデータの連続性の保証ができなくなる。そのため TCP ではシーケンス番号という番号を各パケットに送信順に割り当てていくことで、順序性の保証を行う。また、シーケンス番号によりパケットの欠損がないかどうかの確認も行う。

　TCP ではデータを受け取ると、「ここまで受けとったので、次はこのデータをください」という意味の、次に送ってほしいパケットのシーケンス番号を含む ACK を返す。もしもパケットの欠損が生じた場合には、TCP では送信元に再送してもらうが、TCP では「これを再送してください」とダイレクトに伝える仕組みはない。送ったはずのデータの ACK が返ってこないため、送り手が自発的に再送することや、もらえるはずのデータが来ない場合には受け手が「次は 3000 番を送ってください」というメッセージを何度も送って催促することがある。

16.6 TCP通信の制御

　TCP 通信ではデータを送信して、ACK が来たら次のデータを送信して、ということを繰り返すだけで通信は可能だが、相手からの返答を待ってからでないと次のパケットを送らないのでは高速にデータのやり取りを行うことができない。そのため、コネクション確立時にある程度まとまって送信してもよいデータ量を決めておき、そのデータ量に達するまではたとえ ACK が来ていなくてもパケットを送り続けてよいようになっている。このデータ量のことをウィンドウサイズという。しかし送り手は再送が必要になった場合に備えて送信したデータは ACK が返ってくるまで保持しておく必要がある。このデータを保持しておくバッファをウィンドウという。

　このウィンドウサイズは TCP パケットのヘッダに付与されているもので、受け手が送り手に対して、「これくらいまでならだいじょうぶですよ」という形で常に大きさを通知している。もしも受け手が別の処理で忙しくなり、送られてきたパケットの処理が間に合わないと思った場合には小さくすることがあるし、逆に余裕がでてきたら大きくすることもある。

　また、TCP には輻輳制御の機能も組み込まれている。輻輳とはネットワークが混雑してしまった状態であり、輻輳が発生するとパケットの遅延や欠損が起きやすくなる。ここで各ホストが次々に再送を行うとより一層ネットワークが混雑してしまうことになるため、そうならないようにウィンドウサイズを調整することで流量の調整を行う。

　その他、いくつかのパケットの ACK をまとめて返したほうが通信としては効率的なため、ちょっとの間（250ms など）ACK を送るのを待ち、まとめられるものはまとめてしまう遅延 ACK などの制御もある。

16.7 TCPとUDPの使い分け

　TCP はプロトコルとしてデータの信頼性が確保されるが、UDP では確保されない。そのため TCP だけあれば十分に思えるが、UDP が使われる理由はなんだろうか。

　TCP では 1 パケットのやり取りだけで済むような単純な通信であっても、3 ウェイハンドシェイクによるコネクションの確立や終了が必要だ。また、ブートローダなどで TCP の複雑な処理を実装しようとすると、プログラムのサイズが大きくなり困ることがある。そこで送って、受け取るだけの単純なプロトコルが定義されていたほうが便利な場合がある。

　その他、音声や動画のストリーミング通信など、データが欠損してしまった場合でもデータの再送が不要で、むしろ通信の遅延のほうが問題になるアプリケーションもある。このような場合に UDP が使われる。

第17章 アプリケーションプロトコル

　ネットワークアプリケーションには、さまざまなものがある。基本的にはネットワークを使って情報通信を行うアプリケーションはすべてネットワークアプリケーションと呼ばれる。

　ただし通信を行うためには、通信を行う両者あるいはすべてのエンティティが、同じルールで情報のやり取りを行う決めごとに従う必要がある。一般的に決めごとのことをプロトコル（規約、議定、協定、儀礼など）と呼び、特にネットワーク上で通信する際のプロトコルのことをネットワークプロトコル（通信規約）、あるいは文脈によっては単に省略してプロトコルと称する。

　プロトコルは単に通信を行う両者あるいはすべてのエンティティ間で任意に決めればよいが、不特定の相手などと通信する可能性がある場合にはあらかじめ公開されているプロトコル規定に準拠することが望ましい。インターネット上で利用するプロトコルは、基本的にはRFC[1]と呼ばれる実質上のプロトコル規定（もしくはInternet-Draftと呼ばれるRFCが発行される前の規定案）に従うことが求められている。

　ネットワークアプリケーションは日々進化しており、アプリケーションが使用するプロトコルも次々に新しいものが生み出されている。また既存のプロトコルでも、時代に合わせた形に進化したり、脆弱性などの不具合を解消したりするために、継続的に改訂が行われているものが少なくない。アプリケーションを開発する立場では、仕様を検討する時点で常に最新のプロトコル動向に気を配る必要があるし、使うユーザの立場でも、対象アプリケーションが新しいプロトコルに対応しているかや、通信相手となる他のアプリケーションとの間で使用するプロトコルに互換性があるかどうかなどにも注意を払う必要があるだろう。

17.1 Webアクセス（HTTP/HTTPS）

　HTTP[2]・HTTPS[3]は、主にWebアクセスに使用されるプロトコルで、恐らく現在もっとも広く利用されているプロトコルの1つといってよいだろう。

　複数の文書間の垣根を越えて、用語などの参照関係を相互にたどることができるハイパーテキスト

1　Request For Comments
2　Hypertext Transfer Protocol
3　HTTP over SSL/TLS

215

第 17 章　アプリケーションプロトコル

と呼ばれる仕組み/考え方を元に、ネットワーク上に分散した情報相互の間に築かれた関係を参照することを実現するプロトコルとして策定されたのが HTTP である。全世界的に分散した情報全体が網の目のように参照しあっている状態を World Wide Web（WWW）と称し、WWW 上のリンクをたどることに特化した UI を WWW ブラウザ、Web ブラウザあるいは単にブラウザと呼ぶ。またブラウザからの HTTP 要求に基づいて自身が管理する情報リソースを提供する機能を WWW サーバ/Web サーバと呼ぶ。

　HTTP では参照先を指し示す情報として、ネットワーク上に存在するリソースの所在を表す統一的な表記である URL[*4]、およびそれをより一般的な識別子として拡張した概念である URI[*5]を使用する。URI には、リソース自体の場所を表す情報の他に、そのリソースにアクセスするためのスキームや、アクセス権限を行使するための認証情報（ユーザ名やパスワードなど）、アクセスする際に情報提供側で参照されるパラメータ情報などを含めることができる。

　HTTPS は、SSL[*6]あるいはそれを拡張した TLS[*7]と呼ばれる通信の安全を確保する仕組みを利用して、HTTP 通信を第三者の攻撃から守るようにしたプロトコルである。HTTPS では、通信内容を暗号化したり、改ざんを検出したり、デジタル証明書の技術を利用して通信相手であるサーバやクライアント（ブラウザ）に対する一方向あるいは双方向の認証を行ったりすることができる。

　一般によく利用されるのは、サービス提供者が正式に運用している Web サービスであることを保証するサーバ証明書の導入と、それを利用した暗号化通信である。証明書は信頼できる CA[*8]が発行したものである必要があり、現在利用されているほとんどのブラウザでは知らない CA が発行した証明書を使用している場合には警告を発するか通信を行わないような実装になっている。公式に認められている CA に関しては多くのブラウザにあらかじめ設定されているが、会社や学校などの特定組織内で運用されるプライベート CA 発行の証明書を利用する場合には、ユーザ側でブラウザや OS にプライベート CA を信頼できる CA として登録する必要がある。

　公式 CA 発行の証明書を利用する場合には、証明書の信頼レベルに応じた費用が発生する。そのためたとえば個人提供の Web サーバで通信の暗号化のみを目的とする場合、きちんとした CA の運用をせずに自己署名証明書を発行することがある。ユーザに周知できる範囲であればよいが、不特定多数に Web サービスを提供する場合にはフィッシングサイトなどと疑われる可能性がある点に留意しておくとよいだろう。

4　Uniform Resource Locator
5　Uniform Resource Identifier
6　Secure Sockets Layer
7　Transport Layer Security
8　Certificate Authority

17.2 電子メール（SMTP/POP/IMAP）

電子メールは、インターネット上で古くから運用されてきている基本的なサービスの1つである。かつてはiモード等の携帯電話ネットワークやパソコン通信のように閉じたネットワークサービスがいくつも運用されており、それらの中でもユーザ相互間の基本的なメッセージ交換サービスの1つとして電子メールおよびそれに類するサービスが提供されてきた。それらとインターネットとの相互接続箇所にメールゲートウェイを設置することで、インターネットメールとの双方向通信を実現しているネットワークサービスも多い。

インターネット上の電子メールは、基本的にMTA（Mail Transfer Agent）と呼ばれるメール配送サーバの間で転送が行われる。電子メール送信時には、メールリーダあるいはメーラと呼ばれるUIであるMUA[9]からSMTP[10]というプロトコルで最寄りのMTAにメールを送り、受け取ったMTAは指定された宛先（配送先）に基づいてさらに適切なMTAにSMTPでメールを転送する。最終配送先のMTAではメールをユーザごとのメールボックスに保存し、ユーザはMUAから自分のメールボックスに対してPOP[11]やIMAP[12]というプロトコルで自分宛に届いた電子メールを取得する。

SMTPはその名称が表すとおり非常にシンプルなプロトコルで、少なくともサービス開始当初は単純な英文テキストの電子メールしか交換することはできなかった。ある時期に日本のネットワーク技術者によって独自に日本語メールの交換ができるように拡張され、その後MIME[13]と呼ばれるプロトコル拡張が採用されることで多国語メールの交換や、添付ファイルなどテキスト以外のコンテンツについても電子メールによる交換ができるようになった。

メールボックスアクセス用のプロトコルとしては、現在POPとIMAPが一般的に利用されている。POPは基本的にメールボックスから手元のPC/端末上にすべてメールを取得して手元で管理をする仕組みであるのに対し、IMAPはメールそのものはメールボックス上で管理をして手元のPC/端末からはリモートメールボックスの操作をする仕組みであるという違いがある。MUAを一台しか使用しないのであればPOPで構わないが、複数のMUAをそのときどきによって使い分ける可能性がある場合にはIMAPのほうが便利だろう。

電子メールは古くから運用されている枯れた基本サービスであり、長い歴史の中でも技術的な革新がそう多くないネットワークアプリケーションの1つである。一方、基本的な仕組み自体は大きく変わっていないのに対し、SPAMなど迷惑メールの存在が社会的に大きな問題になってきており、迷惑メールフィルタやブラックリスト/ホワイトリスト/グレイリストによるメール配送制限、受信拒否システムなどの対策技術は日々進歩している。

9　Mail User Agent
10　Simple Mail Transfer Protocol
11　Post Office Protocol
12　Internet Message Access Protocol
13　Multipurpose Internet Mail Extensions

17.3 リモートログイン（TELNET/SSH）

リモートログインは、物理的に離れた場所からネットワーク経由でコンソール操作を行うネットワークアプリケーションで、主にキーボードとテキスト表示による文字情報の入出力を行うものである。

TELNETはリモートログインを行うアプリケーションプロトコルで、恐らく最古のネットワークアプリケーションの1つと考えられる。仕様上は通信内容を暗号化する機能が定義されており、一部実装されているアプリケーションもあるが、一般的に利用可能なTELNETアプリケーションでは暗号化はできないと考えたほうがよいだろう。IPsecのように他のレイヤで暗号化することができない場合には、すべての通信が平文で流れることになる。特に最初のログインセッションでユーザ名とパスワードがそのまま流れるため、ワンタイムパスワードを使うなどの対策が必要となる。

SSHは暗号化を前提としたリモートログイン用のアプリケーションプロトコルである。パスワード認証の他に公開鍵認証なども利用できるため、より安全なリモートログイン環境を実現することができる。またSSHにはポートフォワード機能があり、特定のTCPポートの接続をリモートログイン先との間で双方向に転送することができる。この機能を利用することで、SSHトンネルと呼ばれる簡易的なVPN機能が実現できる。

一方TELNETはSSHと比較してシンプルなプロトコルであり、ポートを指定することでTELNETサーバ以外のTCPサービスへも接続することが可能である。SMTPやPOP、HTTPのような比較的単純なプロトコルであれば、直接ユーザがTELNETクライアント上でプロトコルを入力して通信をすることもできる。

類似の技術に、リモートデスクトップ（RDP/VNC）がある。

17.4 ファイル転送（FTP/rsync）

ファイル転送はリモートログインと並ぶ基本的なネットワークアプリケーションで、特にFTPはTELNETと並ぶ最古のアプリケーションプロトコルの1つだろう。

FTPは暗号化に対応しておらず、IPsecなどを併用しない限りログインセッション時のパスワードも、通信対象のファイルの内容も、すべて平文のままネットワーク上を流れるため注意が必要である。

またFTPは、コントロールセッションとデータセッションの2つのセッションを使用する特殊なプロトコルで、最初にログインを行って転送コマンドなどを指示するやり取りを行うコントロールセッションと、実際にファイル転送を行う際に動的に確立されて転送完了後に終了するデータセッションとが別プロトコルとなっている。さらに初期状態で使用されるデータセッションは、コントロールセッションと逆方向（通信先からクライアントの方）に接続するセッション（アクティブモード）となっており、ファイヤウォールとの相性が悪いアプリケーションプロトコルの代表といえる。コントロールセッションと同じ方向にデータセッションを接続するのはパッシブモードと呼ばれる。

以前は、不特定多数に対してファイル公開を行う際に anonymous FTP サービスを利用することが多かった。anonymous FTP（匿名 FTP）はログインセッション時にユーザ名として「ftp」あるいは「anonymous」を指定することでだれでもログインできる FTP サービスで、フリーソフトのアーカイブを公開する際に使われている。必須ではないが、パスワードとして自分のメールアドレスを入力する慣習が一般的であった。

rsync は、UNIX 上のファイルシステムのコピーをリモート環境に作成し、両者を同期するネットワークアプリケーションである。リモート環境への接続自体は SSH（あるいは RSH）など他のプロトコルを利用するため、SSH を使うことで通信内容は暗号化される。

17.5 ファイル共有（NFS/SMB）

広義にはファイル転送の一種といえるが、通常のファイルシステムの一部としてリモートマウントすることを前提としたアプリケーションプロトコルであるため、ユーザとしては利用する際に個々のファイルをネットワーク越しに転送したという意識はなく、ローカル環境のファイルと同じように扱うことになる。

NFS[14]は古くから UNIX 環境で広く利用されているファイル共有システムである。また SMB[15]あるいは CIFS[16]は Windows 環境で広く利用されているファイル共有システムである。UNIX サーバ上のファイルを Windows PC から SMB で共有したり、Windows サーバ上のファイルを UNIX PC から NFS で共有したりすることもできる。

NFS/SMB ともに LAN 環境で使用することが前提となっており、インターネット上で使用するのはパフォーマンス上やや無理がある。それらに対し、インターネット上でファイル共有を実現する AFS や Gfarm といったアプリケーションプロトコル（広域分散ファイル共有）もある。

17.6 VoIP(SIP/RTP)

VoIP（Voice over IP）は、IP を使った音声通信アプリケーションプロトコルで、IP 電話機能を実現する基本的な仕組みである。NTT や KDDI など、電話会社が提供する IP 電話機能はすべてこの仕組みを利用している。

SIP[17]は電話の発着呼を管理するアプリケーションプロトコルである。ユーザが電話端末で通信相手の電話番号を入力すると、手前の SIP サーバが DNS の仕組みを使って電話番号から通信相手の SIP サーバを検索し、SIP サーバ間で発呼に伴うプロトコルのやり取りを行う。相手が着呼したら、実際

---

14 Network File System
15 Server Message Block
16 Common Internet File System
17 Session Initiation Protocol

第 17 章 アプリケーションプロトコル

の音声データを UDP パケットにカプセル化した RTP[18]パケットを双方向にやり取りすることで、実際の音声通話を実現している。

17.7 システム運用管理 (DNS/DHCP/NTP/SNMP)

直接ユーザの目に触れることは少ないが、システムを運用管理するためのアプリケーションプロトコルも多数存在し、常にいろいろな形でネットワーク上を流れている。

NTP[19]は、時刻同期を行うアプリケーションプロトコルである。NTP サーバを稼働させることで、ホストの時計を正確に合わせることができる。NTP は階層的にサーバ構成を構築することができ、最上位のサーバは原子時計や GPS 衛星からの情報を元に正確な時刻を設定していて、その時刻情報が階層をたどって全体に伝わる仕組みとなっている。

SNMP[20]は、ネットワーク管理用のアプリケーションプロトコルである。ネットワーク上で運用されている各監視対象機器に対して SNMP エージェントを設定し、SNMP マネージャが定期的もしくはイベント発生ごとに SNMP エージェントに対して状態を問い合わせることで、MIB[21]と呼ばれる監視情報を取得するのが基本的な仕組みである。

その他 DNS と DHCP については他で説明しているため割愛する。

17.8 Xプロトコル

X Window System は、UNIX 上で広く利用されているウィンドウシステムであり、ほとんどのデスクトップ環境は X Window System 上に構築されている。

X Window System 自体は非常にシンプルな構成になっており、ディスプレイやキーボード、マウスなどのポインタデバイスを管理する X サーバと、個々のウィンドウアプリケーションである X クライアントからできている。ユーザからの操作は X サーバが管理し、X クライアントにイベントとして通知する。また画面上の更新は X クライアントから X サーバに対する描画指示として送られる。この際の X クライアントと X サーバの間のアプリケーションプロトコルが X プロトコルである。

X プロトコルはネットワーク上を流れる普通の IP プロトコルなので、X サーバと X クライアントが同一のホスト上で動いている必要はない。ただし両者が別のホストで稼働する場合、ユーザの手元の PC 上でディスプレイやデバイスを管理しているのが X サーバで、リモートホスト上で動くアプリケーションが X クライアントとなり、一般的な意識と比べてサーバ/クライアントの位置関係が逆になる点は留意しておくとよいだろう。

---

18 Real-time Transport Protocol
19 Network Time Protocol
20 Simple Network Management Protocol
21 Management Information Base

第18章 IP関連の技術

IPを使用していく上での関連が深い、いくつかの技術を紹介する。

18.1 名前解決

IPでの通信はIPアドレスさえあれば行うことができる。しかし世界中のサーバをIPアドレスで覚えるのは難しいため、通常はホスト名を使用してサーバを特定する。実際にはサーバ名をIPアドレスに変換するための仕組みがあり、この仕組みのことを名前解決と呼ぶ。

名前解決における一番簡単な方法は、UNIXシステムにおける/etc/hostsファイルにホスト名とIPアドレスの対応を書くことである。/etc/hostsファイルは以下のように記述することができる。

```
192.168.1.1     myhost
192.168.1.2     myhost2 myhost2.soum.co.jp
2001::1         myhost
```

ホスト名とIPアドレスの対応は1行に1つずつ記述し、先頭にIPアドレス（IPv4またはIPv6）、そのあとにホスト名を記述していく。ホスト名は複数記述することが可能である。上記のように記述しておくと、192.168.1.1のホストにSSHで接続したい場合には、

```
% ssh myhost
```

とホスト名を指定してコマンドを実行できるようになる[1]。

しかし世界中のホストのホスト名を/etc/hostsに書いておくわけにはいかないので、通常はDNSを使用して名前解決を行う。DNSは名前解決を行うためのプロトコルで、通常はポート53でサービスを行っている。

DNSでの名前解決は、IPアドレスを知りたいホスト名をDNSサーバに対して問い合わせることで行う。ここでDNSサーバは自身の知っているホストであれば、そのIPアドレスを問い合わせ元に返す。もしも知らないホストであれば、ホスト名をトップレベルドメインから順にたどって、IPアドレスを調べてからそれを返す。もしも見つからなければエラーを返す。

---

1 SSHの場合は.ssh/configを使用する方法もある。

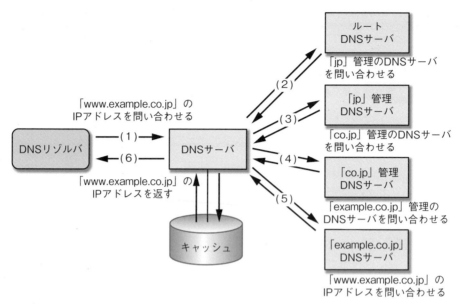

図 18-1　DNS サーバによる名前解決の流れ

　なお、IP アドレスからホスト名を検索することを逆引きといい、これも DNS のサービスとして行うことができる。ただし DNS サーバによっては逆引きをサポートしていない（逆引きのエントリが用意されていない）場合もある。

18.2 IPアドレスの付与

　IP での通信を行うには自分自身の IP アドレスを決める必要があるが、接続したネットワークのサブネットや、そのサブネットにおいて使用されていない IP アドレスの情報がわからないと正常な通信が行えない。また、そのネットワークにおける DNS サーバの場所もあらかじめわかっていないと、名前解決をすることができず困ってしまう。

　そのため、接続したネットワーク上で「IP アドレスがほしい」というと、「この IP アドレスは現在空いているので使ってください」と返してくれるサービスがあると便利だ。これを実現してくれるのが DHCP である。DHCP ではそのネットワーク上における DNS サーバの IP アドレスも、DHCP の設定しだいで取得することができる。

　IPv6 においては、15.6 節でも触れた通り Router Advertisement を使用すると、IPv6 アドレスを取得することができる。また、DHCP の IPv6 版である DHCPv6 を使用して IPv6 アドレスと DNS サーバのアドレスを取得することも可能である。

18.3 アドレス変換（NAT・NAPT・IPマスカレード）

IPアドレスは、本来世界中で一意となるように割り当てを行う必要がある。異なる複数のホストに同じIPアドレスを重複して設定すると、IP通信はできなくなる。

しかしながら使用可能なIPアドレスの数に制限があるとか、既存の環境で重複したIPアドレスを割り当ててしまっているとかといったような事情により、同じIPアドレスを複数のホストやネットワークで共用する必要がある場合がある。そのような場合に使用される技術がアドレス変換[2]である。

ルータ等の通信機器上であらかじめアドレス変換ルールを定めておき、機器をパケットが通過する際に、パケットのヘッダに設定されている宛先IPアドレスや送信元IPアドレスを変換ルールにしたがって書き換えることで、通信そのものを成立させることができる。あるホストから見て、通信相手だと思っているホストのIPアドレスと、実際にその相手ホストに設定されているIPアドレスとは異なることになるが、パケット往復時における変換の整合性が保たれている限り通信は可能となる。

アドレス変換には、変換機器上で1対1の機械的な変換を行い、機器に状態を持たない方式と、多対多の動的な変換テーブルを管理する、状態を持つ方式がある。

またIPアドレスだけでなく、TCPやUDPなどの上位層（トランスポート層）で使用するエンティティの識別子であるポート番号まで含めて変換対象とするアドレスポート変換[3]もある。アドレスポート変換を利用することで、1対多の変換を実現することができ、使用可能なIPアドレス数に制限がある場合でも、IPアドレス数以上のホストをネットワークに接続させることが可能となる。このとき、通信相手からは複数のホストが同じIPアドレスを使い回しているように見えるため、この機能のことをIPマスカレードとも呼ぶ。

18.4 トラブルシューティング

IPを使用していく上で、サーバに接続できないなどのトラブルが発生する場合がある。そのときに原因を突き止めるために便利なコマンドについて紹介する。

ping

pingコマンドでは、ICMPエコー要求およびエコー応答メッセージを利用して、ネットワークのIPレベルでの接続性の検査を行う。192.168.1.1との接続性を検査する場合には、以下のようにコマンドを実行する。

```
% ping 192.168.1.1
```

2　NAT：Network Address Translation
3　NAPT：Network Address Port Translation

第 18 章　IP 関連の技術

ping コマンドを実行した結果は使用している OS によって異なるが、到達性があるかどうかは
メッセージから判断することができる。

IPv6 でも ping を行うことができるが、OS により実行するコマンドが異なる場合がある。

Linux, *BSD

```
% ping6 remote-host
```

ping に応答がない場合でも、ファイアウォールの設定として ICMP エコー要求を破棄して応答で
きないように設定されている場合があるので、必ずしも接続性がないとは言い切れない。

traceroute

traceroute コマンドでは、IP によるパケット転送の経路上で、どこまでパケットが到達したの
かを確認するために使用される。IP パケットにはパケットの生存期間を表す TTL というフィー
ルドがあり、ルータを通過するたびに 1 ずつ減らされていく。これが 0 になるとその時点でルー
タは IP パケットを破棄し、代わりに送信元に対して ICMP Time Exceeded メッセージを送信し
パケットを破棄したことを伝える。もしも経路上にループなどがあり転送はされるが到達できな
いパケットがあった場合でも、TTL の仕組みにより安全に破棄される。

traceroute ではこの仕組みを利用して、TTL を 1 から 1 つずつ大きくした値の IP パケットを特
定ホストに対して送信し、そのホストまでの経路上のルータの情報を集めるコマンドである。以
下のように使用する。

```
% traceroute www.soum.co.jp
```

traceroute を IPv4、IPv6 でそれぞれ指定して行う場合には、OS により実行するコマンドが異
なる。

Linux

```
% traceroute -4 www.soum.co.jp          # IPv4
% traceroute -6 www.soum.co.jp          # IPv6
```

***BSD**

```
% traceroute www.soum.co.jp           # IPv4
% traceroute6 www.soum.co.jp          # IPv6
```

traceroute を使用すると送信しているパケットがどこまで到達しているのかを調べることがで
きる。

ifconfig

ifconfig コマンドでは、ホストに搭載されているネットワークインターフェイスの情報と、それ
ぞれのインターフェイスに付けられた IP アドレスの情報を取得することができる。以下のコマン
ドでホストに搭載されているすべてのインターフェイスの情報を表示する。

```
% ifconfig -a
```

arp（ndp, ip, netstat）

arp コマンドでは、OS が管理している ARP テーブルの情報を表示する。ARP テーブルは IP アドレスと MAC アドレスの対応表である。ARP テーブルに通信しようとしているホストの情報がない場合には、ARP のやり取りに失敗している可能性がある。コマンドは以下のように実行する。

```
% arp -an
```

15.6 節で解説した通り IPv6 では ARP は使用されず、ICMPv6 の ND を使用して IPv6 アドレスと MAC アドレスの対応を見つける。IPv6 アドレスと MAC アドレスの対応表を見る場合には、OS ごとに以下のコマンドを実行する。

Linux

```
% ip -6 neighbour show
```

*BSD

```
% ndp -an
```

netstat

netstat はネットワークにおけるさまざまな情報を表示するためのコマンドである。サーバ上において特定のポートを使用するサービスが接続を待ち受けているかどうかは、以下のコマンドで確認することができる。

```
% netstat -an
```

LISTEN というステートが接続の待ち受けを表しており、サービスが動いているはずのポートで LISTEN されていない場合には、サービスの起動が成功していない可能性がある。
以下のように実行すると、ホスト上におけるルーティング情報を表示することができる。

```
% netstat -rn
```

また、以下のように実行すると、ホスト上において通信されたパケットの統計情報を見ることができる。

```
% netstat -s
```

dig

dig コマンドは DNS サーバに対して名前解決のリクエストを送ることができるコマンドである。www.soum.co.jp の IPv4 アドレスを調べたい場合には以下のようにする。

```
% dig A www.soum.co.jp
```

www.soum.co.jp の IPv6 アドレスを調べたい場合には以下のようにする。

第 18 章　IP 関連の技術

```
% dig AAAA www.soum.co.jp
```

ここで適切に IP アドレスが引けない場合には、名前解決できないことが通信障害の原因になっている可能性が疑われる。

なお、dig コマンドは DNS サーバに対するさまざまな問い合わせを行うための汎用ツールであり、IP アドレスを調べたいだけであれば host コマンドを使用することもできる。

```
% host www.soum.co.jp
```

tcpdump

tcpdump はパケットのキャプチャを行うためのコマンドである。ネットワークインターフェイスごとに、そこから送受信されているパケットの中身をそのまま取得することができる。eth0 上に流れるパケットを観測する場合には、以下のように実行する（実行には root 権限が必要）。

```
# tcpdump -i eth0
```

ネットワーク通信に問題があるがその原因が他の方法では判断できない場合に、実際に行われている通信内容そのものから原因の調査を行う際に使用する。

第19章 ネットワークセキュリティ

コンピュータを使用するのが自分のみである場合（スタンドアローン環境）には、自分が使いたい機能が正しく動くことだけを意識していればよい。しかしネットワーク環境では、自分以外の他者がネットワークを経由してコンピュータにアクセスしてくることがある。もちろん他者が全員、善意に基づいて行動すると考えるべきではないだろう。

ネットワークを利用する際には、セキュリティに関してより高い意識が必要だと考えられる。

またネットワークを構築/運用する際には、そのネットワークに求められるセキュリティレベルを想定した設計と対応の方針（セキュリティポリシー）をきちんと定義することが大切である。

19.1 ネットワーク上の攻撃

ネットワーク上の攻撃は、年々多様性を増しており、また計算機の高性能化にともなって個々の攻撃技術も高度化している。さまざまな攻撃から身を守るためには、まず敵の攻撃手法を広く知ることが大切である。

ここでは、代表的な攻撃の例を紹介する。

脆弱性（セキュリティホール）攻撃
　脆弱性は、システムやその上で稼働するソフトウェアのバグや不適切な設定などに起因するもので、想定外の入力値を与えたり処理を行ったりすることで、本来は許可されていない権限を外部から取得したり、操作を行ったりすることが可能となるようなシステムの「穴」を指す。
　脆弱性自体はネットワークが普及する以前からあった概念だが、ネットワークの普及にともなってネットワーク経由で攻撃される危険性が高まり、従来よりも迅速な発見と対策が必要になってきた。
　たとえば、極端に長い入力値を与えることで意図的に処理プログラムにバッファオーバーフローを発生させ、あらかじめ特権を持って稼働しているソフトウェアを想定外の状態にさせた上で外部から任意のプログラムを実行させるといった脆弱性攻撃がよく知られている。プログラム開発時には入力値の正当性をきちんとチェックするコードを実装し、想定外の入力値が正しくエラー

第 19 章　ネットワークセキュリティ

処理されることをテストで確認する習慣をつけることが必要であり、またシステム運用に際して
は開発元やベンダからのセキュリティ対策情報を頻繁に確認し、公開された修正パッチを適切に
採り入れることが求められる。

コンピュータウイルス/ネットワークワーム等

広い意味では、悪意を持ってコンピュータやシステムに被害をもたらすことを目的として作成さ
れたプログラムを、一般にコンピュータウイルスと呼ぶ。

より狭義には、医学用語のウイルスになぞらえて、攻撃対象となるプログラム（宿主）の一部を
書き換えて自身を忍ばせ（感染）、そのプログラムが実行された際に自身のコピーを作成していく
（拡散）動作をするプログラムを指すのがコンピュータウイルスの本来の定義である。

それに対して宿主を持たず、自身が 1 つのプログラムとして完結しており、主にネットワーク環
境や USB メモリなどの外部記憶装置を経由して拡散していくプログラムは、ネットワークワー
ムと呼ばれる。ただし両者には厳密な区分はなく、両方の性質を兼ね備えたプログラムもあるた
め、それらをまとめてコンピュータウイルスと称することが多いようだ。

コンピュータウイルスはウイルス対策ソフトウェアで駆除できるケースが多いので、使用する PC
ではできるだけウイルス対策ソフトウェアを稼働させ、ウイルスパターンのデータを最新状態に
保つことが大切である。

DoS/DDoS 攻撃

DoS は「Denial of Service」の略で、サーバに対し許容量を越える要求や問い合わせなどを意図
的に集中させることで、一時的もしくは継続的にサーバが提供するサービスを使用不能にする攻
撃を指す。

また DDoS は「Distributed DoS」で、多数の分散された箇所から同時に 1 つのサービスに対す
る DoS 攻撃を行う手法である。多数の箇所から攻撃を行うために、脆弱性を突く攻撃などを併用
して、あらかじめ攻撃用の踏み台をネットワーク上のいろいろな場所に用意しておく方法が取ら
れる。

DoS 攻撃自体はサーバに対して過負荷を与える一方で、攻撃側が使用するネットワークや攻撃用
システム自体にも負荷が掛かる諸刃の剣といえるが、DDoS 攻撃とすることで攻撃側の負荷を軽
減させるのと同時に、攻撃者の所在を不明確にするという効果もある。インターネット上には脆
弱性を持ったまま放置されている PC やシステムが多数存在し、またネットワークの通信速度も
大幅に向上してきているため、DDoS 攻撃によるダメージはかなり甚大かつ深刻なものとなって
いる。この場合脆弱性を放置して踏み台にされたシステムの管理者は、被害者であるのと同時に
DDoS 攻撃の加害者にもなっている点に留意してほしい。

ブルートフォース攻撃

ブルートフォースは力づくを意味する用語で、可能性のあるパターンを片端から試す攻撃を指す。
全部の IP アドレスや TCP/UDP ポートに対して接続を試みたり（ポートスキャン）、辞書に載っ
ている単語を端から試してパスワードを強引に解析する手法（パスワードクラック）などが知ら

れている。

少なくとも時間や計算機資源などの制約がなければ、可能な解が1つでも存在する限りブルートフォース攻撃は必ず成功する。ただ実際には試すパターンが膨大すぎて、現実的な時間内に攻撃が完了しないことが期待されている。既存のセキュリティ対策システムは、多くがこの想定に依って成り立っている。

しかし技術の進歩によって、10年前には非現実的な計算量を必要としたアルゴリズムなどの仕組みが、現在は十分に計算可能となってしまっている場合がある。またユーザや管理者、ソフトウェア開発者の不注意や不見識などにより、本来膨大であるはずのパターンに偏りが生じて、その結果として現実的な時間内に攻撃が完了してしまうこともあり得る。ブルートフォース攻撃への対策を有効とするには、時代にあった新しい仕組みを積極的に導入していくのと同時に、運用に際してはパターンの偏りを避けるためにできるだけ十分に値を「散らす」ことが必要である。

ポートスキャン

ブルートフォース攻撃の一種で、TCP/UDP でノード上の通信エンティティを識別するために使用するポート番号（1ノードあたり 0〜65535 の 65536 種類）に対し、片端から通信を試みたり、その結果反応のあったポートに対して脆弱性を探す手法を指す。

1023 以下のポート（ウェルノウンポート）および 1024〜49151 のポート（登録済みポート）では、なんらかのサービスが稼働している可能性があり、通信を試みることで反応がある場合がある。この場合、特権を持ったシステムソフトウェアしか利用できないウェルノウンポートと、それ以外の一般ユーザでも利用可能な登録済みポートとでは、稼働しているサービスの安全性や強度に差があることが多く、たとえば前者には OS 既知の脆弱性が残っている可能性があり、また後者にはバグ（脆弱性）が多く弱いプログラムが稼働している可能性が高いといえる。

パスワードクラック

ブルートフォース攻撃の一種で、コンピュータ上に保存されている暗号化されたパスワード情報から元のパスワードを解析する手法を指す。

漏洩した場合の危険性を考慮して、システム上のパスワードは平文の状態で保存することは少なく（まったくないとはいえない）、暗号化した状態で保存するのが一般的とされている。ただし多くのシステムでは、別に鍵情報を必要とする本来の意味での暗号化ではなく、一方向計算によるハッシュ値を保存する方法が多く採用されている。この場合、ハッシュ値を計算するためのアルゴリズムは公知であることが多く、ユーザから入力されたパスワードに対して同じアルゴリズムでハッシュ値を計算した結果を比較して元のパスワードが一致しているかどうかを判断する。安全を担保するために、ユーザから入力したパスワード自体は決してシステム上のストレージには保存しない。

多くのシステムでは、ログイン時にパスワード入力をまちがった場合に一定時間以上経過してから再ログインを受け付けたり、一定回数まちがえた場合にはパスワードがロックされるようになっている。これらはパスワードクラックへの対策として極めて有効である。しかしながら脆弱性へ

第 19 章　ネットワークセキュリティ

の攻撃を受けるなどによりハッシュ値情報自体が外部に漏洩する危険性はある。この場合には外部で高性能な計算機資源を投入することで、辞書攻撃などによって現実的な時間内にパスワードがクラックされる可能性がある。

フィッシング（phishing）

Web や電子メール、SNS メッセージなどを利用して、一見正しそうに表示されているけれども実際には偽のサイトへの URL が貼られたリンクを踏ませることで、パスワードや暗証番号などの重要な情報を盗み取ろうとする手法全般を指す。

単なるいたずらであるケースから、銀行口座やクレジットカードの情報が漏洩して多額の被害を受ける詐欺事件になるようなケースまで、世界各地で日々さまざまな事件が発生している。異なるネットワークサービス間で ID やパスワードを共用していることで、連鎖的に複数の被害を受けることも少なくない。

ユーザとしては、電子メールなどで通知された Web のリンクを不用意に開かない、リンクを開く際にはたどる先の URL が正しいことをあらかじめきちんと確認する、ID やパスワードは利用するサービスごとに別のものを使うようにする、など普段のネットワーク利用時に注意して自衛することしかできない。また場合によっては、自分自身は注意していても、友人や家族の不注意で巻き添えを食うこともあり得る。ネットワークサービスの多様化、複雑化に合わせて手口も日々巧妙になっているので、常に細心の注意が必要である。

IP アドレス詐称

IP パケットには、配送用のヘッダ情報の中に宛先 IP アドレスや送信元 IP アドレスなどのパラメータが含まれているが、IP アドレス詐称はこれらのうち主に送信元 IP アドレスとして偽の IP アドレスを設定した IP パケットを送り込むことによって、攻撃相手に対し内部からの通信のように送信元ノードの所在を誤認させるあるいはわかりにくくさせる攻撃を指す。

攻撃側としては、送信元 IP アドレスを詐称することで、攻撃対象側で不正アクセス防止用に設定される通信フィルタを潜り抜けたり、DoS 攻撃に対応する防衛用の設定を回避したりできる場合がある。また攻撃対象側の通信ログに正しくない攻撃元情報を記録させて、攻撃側に対する後からの追求を逃れる可能性を高める効果もある。

IP アドレス詐称は単独で攻撃に使うよりも、他の種類の攻撃と組み合わせて使われることが多い手法だといえるだろう。

トロイの木馬

見た目は有用なフリーソフトウェアなどとして振る舞いながら、内部的に不正な操作を行う機能が組み込まれているソフトウェアや配布メディアなどを指す。

ユーザは自分の意志に基づいてダウンロードやインストール、起動まで行ってしまうが、一見普通のソフトウェアのように動きつつ、裏側でシステム上にコンピュータウイルスを仕込んだり、パスワードやその他の機密情報を抜きだして外部に送信したりする。特に情報を抜き出すことを目的としたトロイの木馬を、スパイウェアと呼ぶこともある。

開発元や配布元が信用できないソフトウェアをむやみにインストールすることは、避けたほうがよいだろう。

通信内容の盗聴

ネットワーク上の通信内容を盗聴し、記録したり外部に送信したりする攻撃を指す。通信プロトコルによってはパスワード情報や電子メールの本文などが平文のままネットワーク上を流れることがあり、深刻な情報漏洩に繋がる場合がある。

組織内 LAN の通信を盗聴するソフトウェアをトロイの木馬で仕掛けられたり、十分に安全な強度を持つ暗号化がされていない無線通信の内容を傍受されたりすることで、通信内容は容易に盗聴され得る。また LAN 上で非正規の DHCP サーバや RA サーバを立ち上げることで通信トラフィックを偽装ルータ上に集め、その上で通信内容を盗み見る手法もよく利用される。

盗聴自体を防止する方策を検討することも大切だが、万一盗聴されても大切な情報が簡単に盗み見られないように、通信内容を適切に暗号化することも必要である。

19.2 認証システム

ネットワーク上には、ホストやノード、ユーザ、サービス、グループなど、さまざまなエンティティが存在する。安全にネットワークを利用するために、それらのエンティティが正しくそれら自身であることを確認する仕組みと、各エンティティにどのような役割や権限が与えられているかを確認する仕組み、および権限を越えた操作について正しく制限される仕組みが必要になる。

最初の仕組みを認証（Authentication）、二番目の仕組みを認可（Authorization）と呼ぶ。また最後の仕組みは、パーミッションやアクセスコントロールなどと呼ばれることがある。

これまでにも、認証を行う仕組みとしてさまざまな方式が考えられ、実現されてきた。しかし悪意を持った第三者が不正な操作を行おうとする際には、まず最初に認証システムを破ろうとする。そしてその結果として、これまでに数多くの方式が淘汰されてきたのも事実である。その意味で、100%安全な認証方式などというものは存在しないと考えておくべきだろう。現在使われている認証方式はすべて、現時点の技術では現実的なリソースやコストの中で破ることが難しいから利用されているのに過ぎず、将来に渡って安全性が担保されているわけではないということを認識しておいてほしい。

現在よく利用されている認証システムの例を挙げておく。

パスワード認証

- パスワード・パスフレーズ・暗証番号・共有鍵・秘密の質問
- UNIX システムへのログイン
- ワンタイムパスワード

231

二段階認証

- 異なる経路による重複認証
- ネットワーク経由と電話やFAXなど

生体認証

- バイオメトリクス
- 指紋・静脈・網膜パターン・声紋

公開鍵認証

- リモートログイン
- デジタル証明書

証明書認証

- サービス
- クライアント・端末
- デジタル署名

　提供されるサービスによっては、1つのエンティティに対して与えられる役割や権限が1つのサービス提供主体の中に閉じることなく、複数の主体から与えられるケースがある。この場合、個々の主体がそれぞれでエンティティに対する認証を行うのは双方に取って不便であるため、最初にどこかの主体が行った認証情報を、エンティティが利用する他の主体に引き継いで提供する仕組みが利用できることがある。このような仕組みを、シングルサインオン（SSO）と呼ぶ。

　シングルサインオンが提供される場合、ユーザはたとえば最初に一度どこかのサイトに対してパスワード認証や証明書認証などでサインオンすればよく、明示的にサインオフするまでは他のサイトに対しても自動的にサインオン状態が引き継がれる。

　ユーザにとっては面倒なパスワード入力が一回だけで済むというメリットがあるが、同時にサービス提供側にとっても悪意を持った攻撃者によるクラッキングの機会を少なくできるというメリットがある。逆に、一度の認証手順ですべてのサービスに対する権限が得られてしまうため、認証情報の管理がより重要になるともいえるだろう。

現在よく利用されているシングルサインオンシステムの例を挙げておく。

一般向けサービス

- OpenID
- YahooID
- Google アカウント
- Microsoft アカウント

研究・学術サイト用サービス

- GSI（Grid Security Infrastructure）
- 学認（学術認証フェデレーション）

19.3 通信フィルタとファイヤウォール

セキュリティポリシーが異なる複数のネットワークを接続する際には、接続境界でセキュリティポリシーの差異をきちんと吸収する仕組みが必要となる。もしそのような仕組みをきちんと考えずに適当に接続してしまったら、全体のセキュリティレベルは両者のうち低いほうに合わされることになる。

セキュリティポリシーの差異を吸収する仕組みの代表的なものとして、ファイヤウォールがある。ファイヤウォール（防火壁）は本来、火災が発生した場合に、守るべき箇所への延焼を食い止めるために設置する耐火性のある壁を指す。ネットワークでは、先に挙げたような攻撃が発生した場合に、侵出を食い止めるのがファイヤウォールの役割となる。

ファイヤウォールを実現する方法はいくつか考えられるが、セキュリティレベルが高い側から低い側への通信を比較的自由に行えるようにし、逆に低い側から高い側への通信を強く制限するという方針で実装されることが多い。そのために利用される技術が通信フィルタ（パケットフィルタ）である。

UNIX では次のような通信フィルタ機能が利用可能で、ルータ専用機やファイヤウォール専用機の代わりに UNIX 機でファイヤウォールを構築する場合には、これらの機能を使うことになるだろう。

- iptables・ip6tables
- pf・npf・ipf

通信フィルタを設定する際には、特定のパケットのみを通してそれ以外を全部遮断する方法と、逆

第 19 章　ネットワークセキュリティ

に特定のパケットのみを遮断してそれ以外を全部通す方法がある。前者のほうが一般に安全性は高くなるので、通常は特定のパケットを通す設定を行うことになるだろう。ただし通信は、往復のパケットが通って初めて成立することを忘れてはいけない。単純に外部からのパケットを全部遮断するというのではダメで、内部から開始した通信に対して外部から返ってくる応答パケットは通すように設定する必要があるということである。

またオンラインゲームや一部の P2P 通信など、使用するネットワークアプリケーションによっては、外部からの通信を内部に通す必要がある場合もある。

19.4 通信の暗号化

通信内容が第三者に漏洩することを避けるために、通信を暗号化することがある。

たとえば無線 LAN のように、電波が届く範囲にいるなどの条件によって第三者が自由に通信内容を参照することが可能である場合には、データリンクのレベルで暗号化する必要があるだろう。

有線ネットワークであれば、経路の途中で通信内容を盗聴することはそう簡単ではないが、まったく不可能というわけでもない。またスイッチやルータなどに特殊な操作を施すことで流れるパケットの内容を盗聴する技術もある。パスワードのような重要な情報が生の状態（平文）でネットワークを流れることがないように、あるいはワンタイムパスワードを採用するなどでネットワーク上を流れた内容を盗聴しただけでは安全性が損なわれないような方策を取れるように、普段から留意しておくのが望ましい。

IP ネットワークで通信内容を暗号化するには、IPsec のようにネットワーク層で行う方法、SSL/TLS のようにトランスポート層で行う方法、SSH のようにアプリケーション層で行う方法などがある。いずれの方法も実用的であり、目的や環境に応じて使い分けられている。

現在主に使われている暗号化やハッシュのアルゴリズムには、次のようなものがある。

暗号化アルゴリズム

- DES・3DES
- AES
- RC2・RC4・RC5

ハッシュアルゴリズム

- MD5
- SHA1・SHA2
- HMAC

234

19.5 VPN

　通信を暗号化する技術を利用して、インターネット上で仮想的な専用回線を運用する技術がVPN[1]である。

　元々地理的に離れた複数の拠点間でネットワーク接続を行うためには専用回線を契約する方法が一般的であったが、費用がかなりかかるため物理的な専用回線は必要最小限にし、それ以外の拠点間接続についてはVPNに移行するケースが増えてきている。

　また拠点間接続だけでなく、拠点と移動端末の間の接続もVPNを利用することができるようになってきた。移動端末はそのときどきで接続するネットワークが変わる可能性があり、使用するIPアドレスも一定していない。そのような環境でも、あたかも拠点内のローカルネットワークに直接接続しているのと同じように移動端末を利用できるのが、VPNの大きな利点といえるだろう。ただしスループットや遅延といったパフォーマンス上の制約はあるし、接続方式によっては課金対象になることもあるため、それらへの注意は必要となる。

　UNIXでよく使われるVPN技術には、次のようなものがある。

- PPTP（Point to Point Tunneling Protocol）
- L2TP（Layer 2 Tunneling Protocol）
- IPsec
- SSHトンネル
- OpenVPN

1　Virtual Private Network

おわりに

　本書を執筆する上で、もっとも悩んだのが取捨選択である。

　目標として「入社する前にこの本で予習して、UNIX を普通に使えるくらいにはなっておいてほしい」という気持ちがあったが、「普通に使える」というのをどのレベルに定めるかという問題がある。

　まったくの初心者を対象とするのであれば、インストール手順や、デスクトップ環境を取り上げるべきだったかもしれない。しかし、昨今の Linux や FreeBSD のインストーラは親切丁寧なできになっていて、よほどのことがない限り自力でインストールできるだろう。デスクトップ環境についても同様である。最新のデスクトップ Linux を使ってみると、そのできのよさには驚く。それにそもそも、UNIX をいっさい触ったことがないような人物を、当社が採用することはありえないので、対象読者からは除外するべきだと考えた。

　実際の開発や運用の現場では、本書の内容に比べてはるかに高度な技術が必要になる。クロスコンパイル環境、さまざまな開発言語、大規模サーバやクラスタの構築と運用、などなど。「自宅サーバ」の流行はひと段落してしまったが、それでも自力で小さな組織のサーバ一式を構築できるくらいの知識はすべての UNIX 技術者が持っていてほしいし、OS が対応していない最新デバイスのドライバを自力で実装できるくらいでもあってほしい。

　こういう要望を書いていると、新卒に即戦力を求める風潮が云々と揶揄されそうではあるが、われわれの真意は他のところにある。

　IT 業界というのはおもしろい世界で、コンピュータの飛躍的低価格化と能力向上により、専門家が使う道具とアマチュアが購入できる機材との間にそれほど大きな差がない（もっとも、一部の数学者のように紙と鉛筆があればよい世界と比較されると困るが）。就職前の学生であっても、PC を購入し、Linux や FreeBSD などを導入すれば、専門家と同じ OS とアプリケーションが利用でき、しかもソースコードを見て OS の動作を学ぶことすらできる。

　入社前の学生に求める技術レベルとして何を想定するかと考えた時に、実はわれわれが仲間として求めているのは、学校で教わることとは別に「好きなことに突っ走る」種類の人間なのではないかと気付いた。

　こういう人に入門用教科書は必要なかろうという意見もあるかもしれないが、意外と基礎の部分で抜け落ちがあるタイプでもある。教科書レベルなどというものは突き抜ける勢いと、教科書的内容をまんべんなく押さえておくベース部分の両方が、優れた技術者には求められるのだろう。

もし IT 業界、とくに UNIX 業界で仕事をしたいと考えている人がいたら、本書の内容だけで安心せずに、自分自身の興味を追求することも忘れないでいてほしい。

最後に反省を 1 つ。

本書のベースになったテキストを用いた当社の新人研修では、単元ごとに異なる講師がそれぞれの流儀で講義を行っている。このため、教科書としては散漫な構成の書籍になってしまったかもしれない。また、実際の講義では演習問題も採り入れているのだが、本書には収録しきれなかったことをお詫びしたい。

本書が、読者のよき「底上げ」になることを期待している。

著者紹介

木本雅彦（きもとまさひこ）

1972年生。東京工業大学大学院情報理工学研究科博士課程修了。博士（理学）。2003年より株式会社創夢に勤務。カーネルドライバ開発から、ネットワークアプリケーション、Webアプリケーション開発までの幅広いレイヤーをこなす。普段はFreeBSDをメインの生活環境として使う。また、2007年より小説家としての執筆活動も行う。主な著作に「くあっどぴゅあ」（ファミ通文庫）、「星の舞台からみてる」（ハヤカワ文庫JA）、「人生リセットボタン」（PHP研究所）などがある。UNIX技術者と小説家の両方の経験を活かし、ASCII.Technologies上で、IT業界小説「株式会社初台アーバンギルド」を連載していた。

松山直道（まつやまただみち）

1964年東京生まれ。株式会社創夢創業メンバー兼現取締役。WIDEプロジェクトに初期から参加しており、主にインターネット関連の研究活動等に従事。特にIPv6関連技術の研究開発や普及を推進するコミュニティにおいて積極的に活動している。またルータ等ネットワーク関連機器類の開発業務にも携わる。社内のCISO（最高情報セキュリティ責任者）を務める。自宅のネットワークは、10年以上前から/29と/48のデュアルスタック。日本UNIXユーザ会幹事。

稲島大輔（いなじまだいすけ）

1982年生まれ。2007年より株式会社創夢に勤務。組み込み機器へのブートローダ・カーネルの移植から、ネットワークプロトコルの実装など、主に低位層から中位層の業務を担当。趣味では関数型言語でアプリを作ったりすることの方が多い。UNIX環境としては2014年現在でもデスクトップ・サーバともにNetBSDを常用。pkgsrcを気に入っている。

株式会社創夢（かぶしきがいしゃ そうむ）

1984 年創立。創立以来一貫して、UNIX とインターネットを事業の主軸においている。JUNET 時代には創夢を経由してネットに接続する企業も多かった。かつては X11R5 のマニュアルを出版するなど、X Window System に力を入れていた時期もあった。エンジニアが作ったエンジニアのための会社であり、エンジニアが楽しく仕事ができる環境を作るというビジョンを持っている。事業範囲は UNIX の移植、デバイスドライバの開発、研究用ソフトウェアの開発、サーバ・ネットワークの設計・構築・運用管理など。「普通の会社だとこういう仕事引き受けてくれないんだよなあ」という種類の面倒な仕事を、軽いフットワークと重量級の馬力でさばくのが得意な、特異な会社。

索引

Symbols

.bz2	40
.git	164
.gitconfig	164
.gz	40
.pub	89
.ssh	89
.svn	156
.tar	39
.tar.gz	40
.tgz	40
.Z	40
.zip	41
/	25
/bin/[	29
/bin/csh	22
/bin/sh	22
/etc/apt/souces.list	105
/etc/group	103
/etc/hosts	109, 221
/etc/init.d/	115
/etc/master.passwd	103
/etc/network/if-up.d/routes	109
/etc/network/interfaces	109
/etc/nsswitch.conf	111
/etc/passwd	103
/etc/portsnap.conf	105
/etc/rc	23, 101
/etc/rc.conf	101
/etc/rc.d	101, 115
/etc/resolv.conf	110
/etc/shadow	103
/sbin/init	100
/sbin/rcorder	101
/tmp	32
/usr	46
/usr/bin/[	29
/usr/local/etc/rc.d/	115
=	23
?	23
@param	179
@return	179
@throws	180
[	29
#!	71
~	23
~/.emacs	67
~/.emacs.d/init.el	67
~/.emacs.el	67
~/.gnupg	94
~/.ssh/authorized_keys	90
~/.ssh/config	91
~/.vim	49
~/.vimrc	55
*	23
>	24
|	24
1行プログラム	126
3ウェイハンドシェイク	212

A

ACL	86
anonymous FTP	219
Apache Software License	184
APT	104

240

索引

ARP ··· 207
arp ··· 225
ash ·· 22
awk ·· 37

B

bash ··· 22
bind ··· 72
Bourne Shell ······································ 22
Bourne shell ······································ 70
BSD License ······································ 184
bzip2 ·· 40

C

C ·· 128
C Shell ·· 22
C++ ·· 128
CA ·· 216
cat ·· 29
cc ·· 133
cd ··· 27
chgrp ·· 31
chmod ··· 30
chown ··· 31
chsh ··· 23
CLI ··· 5
Common Public License ······················ 184
compress ·· 40
cp ··· 28
cpio ··· 40
cron ··· 72
csh ·· 22
CSMA/CA ·· 197
CSMA/CD ·· 197
ctags ·· 53
CUI ·· 5, 21
cut ·· 24
CVS ·· 148
C コンパイラ ····································· 133

D

date ··· 24
DDoS ··· 228
ddskk ·· 61
DHCP ····································· 208, 220, 222
DHCPv6 ·· 208
diff ·· 41
diff3 ··· 41
dig ·· 113, 225
dmesg ·· 100
DNS ································ 109, 111, 220, 221
DoS ·· 228
Doxygen ·· 177

E

ECDSA ··· 19
echo ··· 29, 46
ed ··· 43
egrep ··· 34, 35
Emacs ··· 55
Emacs Lisp ·· 67
emacsclient ·· 65
emacsen ··· 55
etags ·· 63
Ethernet ····································· 196, 198
exit ·· 19
export ··· 23

F

fastboot ·· 101
fasthalt ··· 101
fgrep ·· 34
FHS ·· 25
finger ·· 104
fork ··· 76
fsck ·· 101
FTP ·· 218

G

gdb ·· 132, 137
GID ·· 102

241

Git · 148, 163
GNU General Public License · · · · · · · · · · · · 184
GNU Lesser General Public License · · · · · · · · 184
GPG · 92
GPL · 184
grep · 34
groups · 104
gzip · 40

H

halt · 101
host · 114
HOST.TXT · 111
HTTP · 215
HTTPS · 215

I

ibus · 51
ICMP · 207
ICMPv6 · 208
id · 104
IDE · 125
ifconfig · 107, 118, 224
IMAP · 217
Info · 59
info · 82
init · 100
IP · 201
IPsec · 208
IPv4 · 202
IPv6 · 202
IP アドレス · · · · · · · · · · · · · · · · · · · 201, 202, 222
IP アドレス詐称 · 230
IP マスカレード · 223
ISP シェアドアドレス · · · · · · · · · · · · · · · · · · 206
i ノード · 26
i ノード番号 · 26

J

jar · 140
Java · 128, 140
javac · 140

Javadoc · 177, 178
javadoc · 178
JDK · 140

K

killall · 76
kkc · 60
ksh · 22

L

LAN · 188
LANG · 79
less · 41
LGPL · 184
Lightweight Language · · · · · · · · · · · · · · · 128, 143
Lisp · 129
LL 言語 · 143
ln · 28
logout · 19
ls · 27
lsof · 119
lv · 41
lzma · 40

M

MAC アドレス · 197
make · 131, 136
Makefile · 131, 136
man · 77
MIME · 217
MIT License · 184
mkdir · 27
more · 41
Mozilla Public License · · · · · · · · · · · · · · · · · · 184
MTA · 217
MTU · 197
MUA · 217
Multiple Access 型データリンク · · · · · · · · · 196
mv · 28

N

NAPT · 223

NAT	223
netrw	54
netstat	108, 119, 225
NFS	219
nslookup	113
NTP	220
ntpd	115

O

OpenPGP	92
OpenSSH	18
OSI 参照モデル	191

P

packages	105
patch	41
Perl	129, 144
PGP	92
ping	120, 223
pkg_add	105
Point-to-Point 型データリンク	196
Point-to-Point 接続	198
POP	217
ports	105
portsnap	105
PPP	196
printf	24, 38
pwd	27
PyDoc	177
Python	129

Q

QuickFix	52

R

rc	100
RCS	148, 149
rcsdiff	151
read	47
reboot	101
REP ループ	23
resolvconf	110

RFC	215
rlog	152
RLOGIN	17
rm	28
rmdir	28
root	29, 99
route	107
routed	99
rsync	218
RTP	219
Ruby	129

S

SCCS	148
scp	54, 90
sed	35
service	116
set	23
set-gid ビット	32
setenv	23
setuid ビット	32, 102
sh	22
shebang	71
shutdown	101
SIP	219
SKK	61
SMB	219
SMTP	217
SNMP	220
SSH	17, 18, 89, 218
ssh	18
ssh-add	90
ssh-agent	90
ssh-keygen	89
ssh_config	91
SSL	216
sticky ビット	32
su	86
Subversion	148, 154
sudo	87
sudoers	87
svn	154

243

索引

sync · 101

T

tar · 39
tar.bz2 · 40
tarball · 40
TCP · 211, 212
TCP/IP · 106, 187, 193
tcpdump · 121, 226
tcsh · 22
tee · 25
TELNET · 17, 218
telnet · 17, 120
test · 29
TLS · 216
traceroute · 120, 224
Tramp · 65

U

UDP · 211
UID · 16, 99, 102
umask · 31
unmount · 101
unzip · 41
URI · 216
URL · 216
URL スキーマ · 163

V

Vi · 48
vi · 48
Vim · 48
vim · 48
visudo · 87
VNC · 17
VoIP · 219
VPN · 235

W

WAN · 188
wheel · 102
while · 47

who · 104
whoami · 104
wireshark · 121

X

X Window System · · · · · · · · · · · · · · · · 17, 220
X11 License · 184
XDM · 17
XDMCP · 17
X 端末 · 17
X プロトコル · 220

Z

zip · 41
zsh · 22

ア

アーカイバ · 39
アカウント · 16
アセンブリ言語 · 129
アドレス変換 · 223
アプリケーション層 · · · · · · · · · · · · · · · · · 192
誤り検出/訂正 · 195
暗号化 · 234

イ

インデックス · 166

エ

エニーキャストアドレス · · · · · · · · · · · · 204

オ

オーナー · 29
オープンソースライセンス · · · · · · · · · · 184

カ

カーネル · 100
開発ツール · 130
カレントディレクトリ · · · · · · · · · · · · · · 27
環境変数 · 23
管理者 · 29

キ

キーリング······························95
キーワード検索·························82
木構造································25
キッチンシンクアプローチ···············125
起動··································100
共通鍵暗号····························87
共有リポジトリ·························175

ク

クォート処理···························23
グループ······························102
グループ ID····························102
グローバルアドレス·····················205

ケ

軽量プログラミング言語·················128
検索パス······························80

コ

公開鍵································88
公開鍵暗号··························19,87
公開鍵認証····························232
コマンド···························17,127
コマンドライン·························21
コミット······························156
コンパイラ····························131
コンピュータウイルス···················228

サ

サービス······························114
サブネット····························202
サブネットマスク·······················202
サブネットマスク長·····················203

シ

シェバン······························71
シェル····························21,126
シェルスクリプト···················22,69,126
シェルプロンプト·······················21
シェル変数····························23

実効ユーザ ID

実効ユーザ ID··························102
シバン································71
シャットダウン·····················100,101
衝突回避······························195
証明書認証····························232
シンクライアント·······················17
シングルクォート·······················24
シングルサインオン·····················232
シンタックスハイライト················53,62
シンボリックリンク······················27

ス

スタティックルーティング················108
スタブリゾルバ·························112
スラッシュ····························25

セ

正規表現······························32
脆弱性攻撃····························227
生体認証······························232
セキュリティホール·····················227
セクション····························81
セッション層··························192
絶対パス······························27

ソ

相対パス······························27
ソフトウェアデバッガ···················132

タ

ターミナル····························21
タグジャンプ·························53,63
タグファイル··························53
ダブルクォート·························24
端末··································21

チ

チェックアウト·························156
中間者攻撃····························19

ツ

通信フィルタ··························233

245

索引

ツールボックスアプローチ・・・・・・・・・・・・・・・・・・125

テ

ディレクトリ・・・・・・・・・・・・・・・・・・・・・・・・・・・・・・25
データ転送・・・・・・・・・・・・・・・・・・・・・・・・・・・・・・・195
データリンク・・・・・・・・・・・・・・・・・・・・・・・・・・・・195
データリンク層・・・・・・・・・・・・・・・・・・・・・193, 195
テキストエディタ・・・・・・・・・・・・・・・・・・・・・・・・・43
デバッガ・・・・・・・・・・・・・・・・・・・・・・・・・・・・・・・・131
デバッグ・・・・・・・・・・・・・・・・・・・・・・・・・・・・・・・・137
デフォルトゲートウェイ・・・・・・・・・・・・・・・・・107
デフォルトルータ・・・・・・・・・・・・・・・・・・107, 206
電子署名・・・・・・・・・・・・・・・・・・・・・・・・・・・・・・・・・92
電子メール・・・・・・・・・・・・・・・・・・・・・・・・・・・・・217

ト

統合開発環境・・・・・・・・・・・・・・・・・・・・・・・・・・・125
盗聴・・・・・・・・・・・・・・・・・・・・・・・・・・・・・・・・・・・231
トークン・パッシング・・・・・・・・・・・・・・・・・・197
ドキュメント生成ツール・・・・・・・・・・・・・・・177
ドメイン・ツリー・・・・・・・・・・・・・・・・・・・・・・112
ドライブレター・・・・・・・・・・・・・・・・・・・・・・・・・25
トランスポート層・・・・・・・・・・・・・・・・・・・・・・192
トロイの木馬・・・・・・・・・・・・・・・・・・・・・・・・・・230

ナ

名前解決・・・・・・・・・・・・・・・・・・・・・・・・・・109, 221
名前解決クライアント・・・・・・・・・・・・・・・・・113

ニ

二段階認証・・・・・・・・・・・・・・・・・・・・・・・・・・・・232
認証システム・・・・・・・・・・・・・・・・・・・・・・・・・・231

ネ

ネームサービススイッチ・・・・・・・・・・・・・・・110
ネットワークアドレス・・・・・・・・・・・・・・・・・203
ネットワークインターフェイス・・・・・・・・・107
ネットワーク層・・・・・・・・・・・・・・・・・・・・・・・・192
ネットワークワーム・・・・・・・・・・・・・・・・・・・228

ノ

ノード・・・・・・・・・・・・・・・・・・・・・・・・・・・・・・・・・・26

ハ

バージョン管理・・・・・・・・・・・・・・・・・・・・・・・・147
ハードウェアデバッガ・・・・・・・・・・・・・・・・・132
ハードリンク・・・・・・・・・・・・・・・・・・・・・・・・・・・27
パーミッション・・・・・・・・・・・・・・・・・・・・・・・・・29
バイトストリーム・・・・・・・・・・・・・・・・・・・・・・・25
パイプ・・・・・・・・・・・・・・・・・・・・・・・・・・・・・・・・・・24
パケットキャプチャ・・・・・・・・・・・・・・・・・・・121
パス・・・・・・・・・・・・・・・・・・・・・・・・・・・・・・・・・・・・25
パスフレーズ・・・・・・・・・・・・・・・・・・・・・・・・・・・89
パスワードクラック・・・・・・・・・・・・・・・・・・・229
パスワード認証・・・・・・・・・・・・・・・・・・・・・・・・231
バックスラッシュ・・・・・・・・・・・・・・・・・・・・・・・24
パッケージ・・・・・・・・・・・・・・・・・・・・・・・・・・・・104
バッチ・・・・・・・・・・・・・・・・・・・・・・・・・・・・・22, 69
パディング・・・・・・・・・・・・・・・・・・・・・・・・・・・・197

ヒ

秘密鍵・・・・・・・・・・・・・・・・・・・・・・・・・・・・・・・・・88
標準エラー出力・・・・・・・・・・・・・・・・・・・・・・・・・24
標準出力・・・・・・・・・・・・・・・・・・・・・・・・・・・・・・・24
標準入力・・・・・・・・・・・・・・・・・・・・・・・・・・・・・・・24
ビルトインコマンド・・・・・・・・・・・・・・・・・・・・47

フ

ファイヤウォール・・・・・・・・・・・・・・・・・・・・・・233
ファイル・・・・・・・・・・・・・・・・・・・・・・・・・・・・・・・25
ファイル共有・・・・・・・・・・・・・・・・・・・・・・・・・・219
ファイルシステム・・・・・・・・・・・・・・・・・・・・・・25
ファイルシステムノード・・・・・・・・・・・・・・・25
ファイル操作・・・・・・・・・・・・・・・・・・・・・・・・・・・27
ファイル転送・・・・・・・・・・・・・・・・・・・・・・・・・・218
フィッシング・・・・・・・・・・・・・・・・・・・・・・・・・・230
フィンガープリント・・・・・・・・・・・・・・・・19, 95
ブートセクタ・・・・・・・・・・・・・・・・・・・・・・・・・・100
ブートセレクター・・・・・・・・・・・・・・・・・・・・・100
ブートローダー・・・・・・・・・・・・・・・・・・・・・・・100
物理層・・・・・・・・・・・・・・・・・・・・・・・・・・・・・・・・193

プライベートアドレス ………………………… 205
プラグイン ………………………………………… 53
ブランチ ………………………………………… 169
ブルートフォース攻撃 ……………………… 228
フルサービスリゾルバ ……………………… 112
プレゼンテーション層 ……………………… 192
フロー制御 ……………………………………… 196
ブロードキャストアドレス ………………… 205
プロセス状態 ………………………………… 118
プロトコル ……………………………………… 17

ヘ

ページャ ………………………………………… 78
ヘルプメッセージ …………………………… 83

ホ

ポートスキャン ……………………………… 229
ポート転送 ……………………………………… 91
ポート番号 …………………………………… 211
ポートフォワード …………………………… 91
ホームディレクトリ ………………………… 23

マ

マージ …………………………………………… 169
マルチキャストアドレス …………………… 204

ミ

未定アドレス ………………………………… 204

ム

無線 LAN ………………………………… 196, 198

メ

メタキャラクタ ……………………………… 33
メタ構文変数 …………………………………… 6
メッセージ …………………………………… 117

メディアアクセス制御 ……………………… 197

ユ

ユーザ …………………………………… 16, 102
ユーザ ID ……………………………………… 102
ユーザ権限 ……………………………………… 85
ユーザ名 ………………………………………… 16
ユニキャストアドレス ……………………… 204

ラ

ライセンス …………………………………… 183

リ

リゾルバ ………………………………………… 112
リダイレクション …………………………… 24
リポジトリ …………………………………… 154
リモートログイン ……………………… 17, 18, 218
リンカ …………………………………………… 135
リンク …………………………………………… 27
リンクローカルアドレス …………………… 206

ル

ルーティング ……………………………… 201, 206
ルーティングテーブル ……………………… 107, 207
ルート権限 ……………………………………… 86
ルートディレクトリ ………………………… 25
ループバックアドレス ……………………… 203

ロ

ログ …………………………………………… 117
ログアウト ………………………………… 15, 19
ログイン …………………………………… 15, 16

ワ

ワイルドカード ……………………………… 23
ワンライナー ………………………………… 126

247

● 本書は、株式会社 KADOKAWA/アスキー・メディアワークスより刊行された『はじめて UNIX で
　仕事をする人が読む本』を再刊行したものです。再刊行にあたり、旧版刊行後に発見された誤植等を
　修正しております。
● 本書に対するお問い合わせは、電子メール (info@asciidwango.jp) にてお願いいたします。但し、
　本書の記述内容を越えるご質問にはお答えできませんので、ご了承ください。

はじめてUNIXで仕事をする人が読む本

2018 年 6 月 29 日　初版発行

監　修　　株式会社創夢

著　者　　木本雅彦、松山直道、稲島大輔

発行者　　川上量生

発　行　　株式会社ドワンゴ

　　　　　〒104-0061

　　　　　東京都中央区銀座 4-12-15 歌舞伎座タワー

　　　　　編集　03-3549-6153

　　　　　電子メール　info@asciidwango.jp

　　　　　http://asciidwango.jp/

発　売　　株式会社 KADOKAWA

　　　　　〒102-8177

　　　　　東京都千代田区富士見 2-13-3

　　　　　営業　0570-002-301 (カスタマーサポート・ナビダイヤル)

　　　　　受付時間　11:00〜17:00 (土日　祝日　年末年始を除く)

　　　　　https://www.kadokawa.co.jp/

印刷・製本　　株式会社リーブルテック

Printed in Japan

本書 (ソフトウェア/プログラム含む) の無断複製 (コピー、スキャン、デジタル化等) 並びに無断複製物
の譲渡および配信は、著作権法上での例外を除き禁じられています。また、本書を代行業者などの第
三者に依頼して複製する行為は、たとえ個人や家庭内での利用であっても一切認められておりません。
落丁・乱丁本はお取り替えいたします。下記 KADOKAWA 読者係までご連絡ください。
送料小社負担にてお取り替えいたします。
但し、古書店で本書を購入されている場合はお取り替えできません。
電話 049-259-1100 (10:00-17:00 / 土日、祝日、年末年始を除く)
〒354-0041　埼玉県入間郡三芳町藤久保 550-1
定価はカバーに表示してあります。

ISBN978-4-04-893063-5　C3004

アスキードワンゴ編集部
編　集　　鈴木嘉平